Daniele Salamina

YOGA
AUTENTICO

Essere Sé Stessi per Andare Oltre sé Stessi

© 2021 Daniele Salamina

prima edizione: maggio 2021

seconda edizione: settembre 2022

ISBN: 979-12-200-8520-5

www.authenticyoga.it

www.danielesalamina.it

info@authenticyoga.it

Tel. Segreteria

Authentic Yoga Milano: +39 329 7650663

Prima di Iniziare a Leggere e Far sì che Queste Parole, Nate da una Mattinata di Turbamento Interiore, <u>Migliorino per Sempre la Tua Vita</u>, Ecco una Bella Sfida per Te!

Prova a Rispondere Mentalmente alle Seguenti, Semplici, ma Potentissime Domande...

*... E <u>**Scommetto 1.397 Euro + iva**</u> che Non Sarà Così "Semplice, ma Come si Dice... Almeno ci Avrai Provato! (Ma ti Avverto Subito: se ci Provi, c'è un Alto Rischio di Rosicamento!)*

P.S.

Nel caso, molto improbabile, in cui tu riesca a rispondere ad almeno 10 di queste domande, mandami via mail PEC certificata la fattura con il tuo IBAN al quale girare subito il bonifico istantaneo, accreditandoti così tutti i soldi di questa inaspettata scommessa!

P.S.S.

Nella remotissima possibilità, invece, in cui io riceva migliaia di risposte "illuminate" a queste mie domande introspettive, l'accredito sarà possibile fino a quando il mio conto corrente non sarà del tutto prosciugato da voi avidi materialisti che pensate solo a fare soldi! ☺

P.S.S.S.

Ovviamente, considerando l'importo della scommessa e l'alto rischio di default, senza dimenticare il PIL italiano ormai alla frutta, tutte le risposte dovranno essere "dimostrate" da prove scientificamente inconfutabili.

Molto bene…

Se pensi di essere pronto/a cominciamo subito con queste "potenti" domande.

E se vuoi, puoi anche scrivere le risposte su un pezzo di carta, non si sa mai che alla fine ti arrivi davvero qualche potentissima intuizione…

Quale dei 3 *"Daniele"* in Copertina è <u>AUTENTICO?</u>

L'Imprenditore?
L'Insegnante?
Il Ricercatore?

- ✓ **Chi sei Tu?** Sei Quello che Fai?

- ✓ Sei Mamma, Papà, Figlio, Lavoratore, Insegnante, Allievo, Yogi/Yogina?

- ✓ È Veramente Possibile **Creare la Realtà**? La Legge d'Attrazione Funziona Davvero?

- ✓ **Da Dove Arrivano i Pensieri**? Sono i Tuoi? Cos'è la Mente? La Mente… mente (ti prende in giro)?

- ✓ **Da Dove Nasce la Paura**? È Possibile Superarla? È Possibile Superare la Paura del Giudizio?

- ✓ È Possibile Raggiungere i Propri Sogni (e non quelli degli altri)? Qual è il tuo **Scopo/Dharma in Questa Vita**? Perché… Ci Sono più Vite?

- ✓ Lo Yoga Autentico può Essere la **Chiave di Svolta**?

- ✓ Sei il Ruolo che la Società ti ha Imposto? Lo Riesci a Vedere?

- ✓ **Sei Felice**? Sei Felice a Prescindere dalle Circostanze Esterne (Ricchezza, Bellezza, Salute, Lavoro, Famiglia ecc…)?
- ✓ Da Dove Nasce la Felicità? Dai **Soldi** che Hai? Da Quanto Sei Importante? Dallo Status Quo?
- ✓ Sei Quello Che Mangi? Qual è **l'Alimentazione Migliore**? Vegana, Vegetariana, Carnivora, Crudista, dei Gruppi Sanguigni, Mozziana, Salaminiana (huh?)?
- ✓ Sei Autentico? Oppure Sei una Copia Venuta Male? Cosa Significa Essere Autentico? Cosa Significa Essere Te Stesso? Cosa Significa andare Oltre sé Stessi?
- ✓ Pensi Davvero di Essere Te Stesso?
- ✓ Quante Volte **Menti ogni Giorno a te Stesso**? Sei Consapevole del Fatto che Stai Costantemente Mettendo delle Maschere? Che Cos'è la **Personalità**? Che Cos'è l'**Ego**? Si può Conoscere? Si può Ammazzare? A Cosa Serve? È Davvero il Diavolo?
- ✓ Come si Gestiscono le **Emozioni**? A Cosa Servono?
- ✓ È Possibile Rimuovere Tutte le Maschere e **Scoprire chi Siamo Realmente**? Come si Fa?

Cosa Devo Fare? Ci sono degli Strumenti che mi Aiutano in Questo? **Meditazione e Yoga** sono una delle Chiavi?

✓ Che Cos'è Veramente lo Yoga Autentico e Perché è la Chiave di Svolta?

✓ Stai Evolvendo? Stai Crescendo? Ti Stai **Liberando dalla Catene**, dal Karma, dal Passato, dal Futuro, dai Blocchi Emotivi, dallo Stress, dall'Ansia, dai Traumi, dai Blocchi Psicologici, dalla Pazzia e da chi più ne ha più ne metta?

✓ Stai **Vivendo nel Presente**, nel Qui e Ora, nell'Essere? Oppure ti senti Bloccato/a in un Limbo da cui Non Sai Come Uscirne?

Molto Bene Caro/a Amico/a!

Queste sono alcune domande che mi sono posto.

Questo libro nasce per ragionare insieme a te in modo da cercare delle risposte!

Per fare questo, ti spiegherò come lo Yoga Autentico mi ha permesso di *superare numerose sfide e vivere così la vita che ho sempre sognato…*

… in modo che anche tu possa trarne beneficio e ispirazione.

Buon viaggio!
Daniele

"La felicità dipende fino a un certo punto dalle condizioni esterne, ma prevalentemente dall'atteggiamento mentale. Per essere felice una persona deve essere in buona salute, avere una mente equilibrata, vivere una vita prospera, fare il giusto lavoro, avere un cuore grato e, più di tutto, avere saggezza o conoscenza di Dio".

Paramahansa Yogananda

INDICE

Introduzione Autentica

Da Dove Tutto Ebbe Inizio!

Sono le 7 di una domenica mattina in Zona Rossa per l'emergenza Covid che sta attanagliando l'intero globo.

Una mattina milanese come tante, nella sua anomala storicità. L'inverno è tornato a pungere, come nei decenni scorsi, penetrando nelle ossa senza permesso. Senza nemmeno bussare alla porta.

La nebbia, fitta, costeggia i tetti. Limita la mia visuale, pervade l'orizzonte. Offusca il pensiero. Forse persino la mente.

Sono chiuso in casa oramai da un anno. Come la maggior parte di voi, come la stragrande maggioranza della popolazione mondiale.

La consueta meditazione della mattina è più disturbata del solito. Inusuale, in questa veste.

Non riesco più a meditare, e qualcosa mi dice che devo cominciare a scrivere.

Non ho voglia…

Non è pigrizia, eh. Solo il desiderio di donare il giusto valore alle cose, alle priorità.

Vorrei riprendere a meditare. Ed è ciò che prediligo. Fa parte della mia natura, della mia quotidianità.

Ma il flusso dei pensieri è forte, troppo. Decido così di alzarmi.

Abbozzo una sorta di indice, ma la realtà, ad ora, è che non so cosa scrivere.

So che devo farlo, però. So che quella voce, che mi parla da anni, mi sta dicendo di farlo.

No, non è segno di follia. Ho imparato a fidarmi del mio intuito, del mio istinto; ho imparato che, a certe voci, va data un'occasione.

Quando ci assalgono, divenendo dirompenti, non possiamo ignorarle!

Ho compreso quanto la presenza interiore sia oculata e previdente. Forse quanto la ragione. Se non di più…

Perché Ho Scritto Questo Libro?

Anche se Odiavo Scrivere e Avevo 5 in Italiano…

… E così, nasce questo libro.

Dal nulla. Dalle ceneri, se vogliamo, di una stagione infausta, segnata da sfumature tragiche e drammatiche.

Senza perdere però lo smalto di un sorriso. Senza perdersi d'animo. Donando (e ricevendo) ottimismo agli affetti e alle persone che mi circondano.

Un libro, questo, senza inizio né fine. E senza un indice: che è un po' quello che succede nella mia vita. Un flusso costante di eventi e situazioni che mi portano da qualche parte, che mi accompagnano verso una meta che il mio cuore conosce già.

Se decido di aprirmi, probabilmente comincio a intravederne il motivo all'orizzonte, quella luce in fondo al tunnel, incorniciata da un flusso di speranza sempre più accesa.

E sai di cosa parlo?

Del fatto che i problemi, quelli che crediamo riguardare la nostra persona, il nostro circondario, sono gli stessi che condizionano una moltitudine di persone là fuori.

In strada, al bar. In palestra o al lavoro. Soprattutto a casa, considerando il momento storico in cui viviamo…

Probabilmente, sto scrivendo questo libro perché questa storia – quella che ti racconterò nelle pagine successive - è la storia di tanti. È la storia di chi, come me, è sempre alla ricerca...

… Alla ricerca della felicità, come in quella lungimirante pellicola firmata da Muccino, con Will Smith protagonista:

quella felicità che (ri)cerchiamo sempre all'esterno, nel lavoro, nelle relazioni e nelle amicizie; ma anche nel successo e nella carriera.

Probabilmente, sto scrivendo questo libro con l'obiettivo che possa risultare utile a qualcuno. A chi, come me, è alla ricerca costante di quella felicità eterna, incondizionata, paradisiaca.

E questa ricerca, nel mio caso, parte proprio dalla Yoga!

E, perché no, potrebbe esser così anche nel tuo caso. Un libro **come fonte d'ispirazione per te** che - come successo a me in passato - stai cercando qualcosa, pur non sapendo da dove cominciare.

O magari, invece, hai trovato il giusto input per partire, ma ti "senti solo" in questa tua ricerca, anche se circondato da un sacco di "amici".

Le virgolette non sono casuali. Ma una triste realtà.

E sai perché? Perché lungo ogni percorso intrapreso, qualunque esso sia, troverai sempre ostacoli dalle più svariate sfaccettature: partendo dalle finte amicizie, passando per supporti e sponsor fasulli, arrivando così a ciarlatani e figure poco raccomandabili.

Probabilmente, questo libro ti potrà essere utile perché frutto della mia esperienza diretta.

L'esperienza di un uomo, prima di tutto. Di un essere umano che ha utilizzato, e lo fa tuttora, la vita stessa come strumento evolutivo.

La vita quotidiana come mezzo per migliorarsi, per crescere ed evolvere la propria interiorità.

Scritta così, sembra una cosa figa da leggere, vero?

Forse anche, ma "è la realtà, bellezza!"[i], parafrasando una celebre frase cinematografica; la vita, con le sue vicissitudini, in sequenza, giorno dopo giorno, come fosse una pellicola, ce lo insegna con invidiabile costanza.

Ed è questo, forse, uno dei motivi che mi hanno portato a scrivere questo libro.

E non è un'autobiografia…

Perché la mia storia… È anche la tua!

Perché se ho Migliorato io la Mia Vita Grazie anche alle Pratiche Yogiche Autentiche… Perché Non Puoi farlo Anche TU?!

Ed è per questo che troverai degli spunti interessanti di vita, molti dei quali potranno persino essere legati allo Yoga, ma a volte non c'entreranno niente.

Spunti e riflessioni, vicende e storie personali. Un mix di dettagli, più o meno suggestivi, più o meno intriganti…

… Ma tutti con il medesimo filo conduttore: l'autenticità.

Autenticità…

Un termine tanto semplice quanto eterogeneo. Il sentimento che coniuga ogni mio gesto sulla tastiera.

Ogni mio impulso nell'atto di premere un tasto, qualsiasi esso sia, ad accompagnare la genesi di una parola, tale da divenire frase.

Un sentimento, questo, desideroso di pervadere l'intero libro, sin dal principio.

Ma non è presunzione. Non v'è lo scopo di catturare la tua attenzione, quella del lettore. Semplicemente perché insito in me, genuino… Autentico.

Cosa significa AUTENTICO?

Wikipedia definisce l'autenticità come qualcosa che può "dimostrarsi o imporsi come vero". Ha origine da "autentico" (dal lat. tardo authentĭcus, dal greco αὐϑεντικός, derivato di αὐϑέντης, che vuol dire "autore"; "che opera da sé" e che significava in senso lato "avere autorità su sé stessi")[ii].

Autentico, nel senso più spiccato del termine, si riferisce alla nostra vera interiorità, al di là di quello che vogliamo apparire o crediamo di essere. La vera essenza che deve specchiare la nostra anima.

La verità. Parola talvolta abusata, talvolta utilizzata con pretesto scorretto, costituisce le fondamenta di ciò che sto scrivendo.

La genuinità, con il suo suono leggero e soave, ricama le pagine di questo libro. Non è vanagloria. È puro e mero desiderio di **relazionarmi con te con la massima fiducia**.

È autentico tutto ciò che viviamo con passione, fervore e immensità d'animo.

È autentico il valore che doniamo agli affetti, alla nostra intimità. Perfino alle cose, alle piccole cose.

È autentico il sentimento che guida la stesura di ogni singola pagina.

È autentico Daniele in qualità di esperto marketing, autore, imprenditore, insegnante.

In qualità di Uomo.

E spero, con tutto il cuore, che questa autenticità ti pervada, giungendo a te come una boccata d'aria, un soffio di vento colmo di speranza.

Questo Libro è Per Te Solo Se Sei Disposto a Cambiare un Po' Idea Su Cosa Pensi sia Davvero lo Yoga…

… Ed essere pronto a togliere le resistenze mentali che la società e il marketing dello yoga moderno ti hanno letteralmente piallato nel cervello!

Voglio essere sincero con te, sin da subito.

Tra queste pagine, non troverai niente (o quasi) di tecnico sulla disciplina dello Yoga.

E ti dirò di più: se pensi di aver reperito un manuale su come fare il "saluto al sole"…

… Beh, lancia subito questo libro dalla finestra! Magari lo raccoglierà qualcuno a cui potrà interessare.

Oppure: se pensi che questo libro possa offrirti nozioni teoriche sui precetti dello Yoga…

… Beh, anche in questo caso lascialo perdere! Anzi, risparmia e utilizza i soldi per farti una buona pizza gluten free vegana (ci sono anche le birre gluten free, lo sai questo?).

Ci sono un sacco di libri sullo Yoga - molto interessanti e veramente coinvolgenti - che ti spiegano nei minimi dettagli ciò che vuoi sapere su questa fantastica disciplina.

Sai, avrei anche potuto inserire un trafiletto che parlasse di questo e di ciò che ruota attorno allo Yoga.

Ma poi ci ho riflettuto…

Che senso avrebbe avuto proporre una "minestra riscaldata?!".

Che senso avrebbe avuto ribadire le stesse cose che puoi benissimo leggere su manuali dei grandi Guru che hanno fatto la storia di questa disciplina?!

No, non è questo l'intento alla base del libro.

Rispondi con la massima sincerità:

- ✓ Sei una persona con la mentalità chiusa, che non vuole mai mettersi in discussione e, magari, vuole sempre aver ragione?
- ✓ Sei un bigotto (e difficilmente lo ammetterai!), sei un teologo o un religioso limitato esclusivamente ai suoi precetti, ai suoi dogmi? (Oggi lo posso dire, liberamente, senza che mi mettano al rogo, vero?)

✓ Non ti consideri una persona curiosa, una persona affascinata dall'idea di approfondire questioni che, magari, non avresti mai pensato di prendere in considerazione?

La risposta è SÌ ad almeno una delle tre? Questo libro non fa per te, ma potrebbe anche farti cambiare idea…

Ma non sta a me giudicarti, così come costringerti a proseguire nella lettura.

Voglio però venirti ulteriormente incontro. Il motivo è lo stesso, relativo al fatto che queste pagine, durante la lettura, devono scorrere via con la fluidità di chi ha piacere a leggerne il contenuto.

Ecco perché…

Questo Libro Fa SCHIFO: Perché NON Devi Assolutamente Leggerlo!

(N.B. Lo puoi sempre regalare o usare per riempire lo spazio vuoto nella tua libreria, così puoi fare il figo con gli amici dicendo che hai tanti libri "interessanti" e "unici")

Questo libro potrebbe fare schifo? Perché no!

D'altronde, "De Gustibus non Disputandum Est". <<*Sui gusti non si può discutere, ignorante!*>>…

Allora per quale altro motivo NON dovresti leggerlo?

Ti consideri una persona "molto sensibile"? Allora lascia perdere questo libro.

Credi di essere uno Yoghi Perfetto? Buon per te, ma butta il libro nel dimenticatoio. (Ne approfondirò il motivo più avanti…).

Ma perché NON va letto sto benedetto libro?

Molto semplice:

PERCHÉ NON IMPARERAI NULLA! PERCHÉ TU SAI GIÀ TUTTO!

"Davvero?! E che lo compro a fare?" Non hai tutti i torti a porti un quesito del genere. Ma seguimi con attenzione e lo capirai.

Perché lo Yoga è sottile ma valente protagonista di queste pagine.

Un Libro sullo Yoga che non parla di Yoga?

Genio, Sregolatezza o Pazzia?

… Né uno né l'altro.

È un libro sullo Yoga nel quale lo Yoga non c'entra quasi una mazza!

La verità è che, da esperto del marketing poco etico, ho usufruito del termine "Yoga" nel titolo perché lo sappiamo… Lo Yoga tira più di un carro di buoi al giorno d'oggi! (IRONIA, questa forestiera…).

Ma non prenderla come una beffa, come una burla bella e buona.

In fondo, se il libro è ancora aperto di fronte a te… Un motivo ci sarà, non credi? E sono pronto ad avvalorarne ulteriormente la tesi.

Farò un uso – più o meno prolungato - di un determinato linguaggio, di quello scurrile. Un utilizzo (forse massiccio, devo ancora decidere…) del turpiloquio.

Sì, ci scapperà qualche parolaccia. E qualcuna anche brutta. Ma non oltrepasserò mai il limite, stanne certo.

Cosa comporta questo? Che, probabilmente, non troverò nessun editore disposto a pubblicarmi il libro.

Poiché ho già scritto un libro "serio"[iii] uscito con la Feltrinelli, avrei potuto richiedere anche a loro.

Ma chi pubblicherebbe un libro che invita i lettori a non leggerlo? Uno scriteriato, un folle…

Forse, semplicemente un individuo che vuole far sentire la sua voce. Così com'è, senza maschere o eccessivi virtuosismi.

Ora: hai ancora il libro in mano, oppure il PDF o l'Ebook sul tuo iPhone e sull'iPad?

Seguimi…

… Perché, se come me, sei uno squilibrato, un pazzo scatenato che brama l'idea di scrutare il mondo da una prospettiva diversa, ecco che il libro, probabilmente, ti piacerà. Anzi, sono certo che stuzzicherà il tuo palato.

N.B. Il mio (s)consiglio? Tieni sempre a portata di mano l'accendino. Piromane in un batter di ciglia se, scorrendo le pagine, ti assalirà l'immane voglia di dar fuoco alle pagine.

Invece, sai perché potresti DIVORARE questo libro?

Non parlo con presunzione, ma con cognizione di causa, con la consapevolezza che le esperienze di vita di ogni uomo, nel bene e nel male, possano trasmettere un pizzico di emozione, arrivando persino a insegnare una lezione.

Leggi questo libro se:

- ✓ **Sei un ricercatore**, diciamo anche "spirituale", ma se sei un ricercatore di "tartufi" va bene lo stesso, se sei una persona desiderosa di crescere ed evolvere.

- ✓ Se sei una **persona curiosa**, appassionata, carica, vogliosa e desiderosa di **avere successo in tutto quello che fa**.

- ✓ Se sei un **praticante Yoga**, di qualsiasi disciplina... Ma con una mentalità aperta (che significa che sei pronto a mettere in discussione quello che sai o che pensi di sapere, senza che tu venga a linciarmi pubblicamente davanti ai miei allievi durante una classe di Authentic Yoga!).

Allora, a tal proposito, troverai davvero un sacco di cose interessanti…

… Uniche, Autentiche, Genuine!

Troverai la mia storia, ti racconterò i fatti miei: ossia le vicende che traggo dalla mia vita nei diversi ruoli in cui mi sto immedesimando.

E in particolare ci divertiremo, insieme, percorrendo una strada sì a ostacoli e intoppi, ma la cui meta non può che affascinarti.

Emozioni, un senso di estasi che questo viaggio, chiamato Yoga Autentico, mi sta offrendo, donando un costante sorriso al mio volto.

Sarà mia premura accompagnarti alla riflessione, sviscerando quello che lo Yoga mi ha insegnato e mi continua a insegnare, giorno dopo giorno.

Cosa più importante, metterò in evidenza gli insegnamenti dello Yoga, che applico regolarmente in ogni ambito della mia vita: dal lavoro all'insegnamento; dalle relazioni all'evoluzione spirituale.

Quando ti ho detto che non avresti imparato nulla...

... mentivo!

Simpaticamente.

Dunque, possiamo dire con una certa concretezza che la tua curiosità ha subito una scossa di interesse?

Ci siamo! Gira pagina e prosegui nella lettura.

Ah, dimenticavo... Te ne sono grato!

Ma Cos'è e a Cosa Serve Davvero lo Yoga? E Perché è Veramente Utile a Tutti?

Spoiler: dopo aver letto il capitolo, ti innamorerai per sempre del vero Yoga, quello Autentico!

Sabato, di metà febbraio. Ore 16:00. Esco dalla pennichella pomeridiana, ristoratrice. Doverosa, dopo una bella mangiata.

Questo il menù del giorno:

- ✓ Caramelle piacentine burro e salvia.
- ✓ Una mozzarella di bufala campana.
- ✓ Olive di Cerignola (Sono quelle giganti, punto forte di noi pugliesi).

Il tutto accompagnato da un buon Primitivo di Manduria. È sabato, e mi concedo qualche sfizio…

Ah, il sabato! Me la prendo comoda, eccome. È la giornata della settimana che dedico al riposo.

O meglio, il giorno prediletto per rilassare i nervi. Perché, di riposo, per la verità, non se ne parla.

Sono in piedi dalle 6:00 per le mie pratiche individuali, che oggi sono durate persino più del solito.

La Meditazione, con le pratiche taoiste che sto sperimentando, ha un potere attrattivo molto particolare, a tal punto da farmi perdere la cognizione del tempo.

Senza accorgermene, sono le 9:30.

Bevo un caffè, il secondo della giornata.

Chiudo gli occhi, soffermandomi un istante sul caffè e su ciò che mi trasmette: ne gusto il sapore; ne respiro l'aroma.

Giusto una frazione di secondo, quel tanto che basta per donarmi una sensazione di luminosa speranza, affinché la giornata prosegua nel verso giusto.

Comincio quindi con la pratica di Authentic Yoga delle 10:00, con i miei super allievi.

Il periodo è ancora appannato dalla Pandemia Covid, di conseguenza le pratiche si svolgono online, su Zoom.

Mi sono un po' abituato all'utilizzo dell'online, anche se non ne posso più. E, più avanti, tratterò la mia esperienza di Yoga online.

Tornando a noi, al sabato, alla mattinata dedicata alla pratica.

Quest'ultima fila liscia; lavoro intenso sull'incremento del Prana e dell'Energia Vitale. Ci sono alcuni allievi nuovi alla prima lezione; per poi finire con la Meditazione libera.

Poco dopo invio una newsletter ai miei allievi, avvisandoli dell'apertura per le iscrizioni al Corso di Meditazione Autentica. Un corso, questo, che mi ha dato e mi sta continuando a dare tanto.

A rendermi felice, davvero, è la possibilità di vedere tante nuove iscrizioni, accompagnate da mail con ringraziamenti per questa opportunità. Un senso di gratitudine, il loro, che ricambio con profondo affetto.

Non mi fermo: con mia moglie, Alessia, facciamo un giro al mercato. Mi diverto a comprare un sacco di piccole cose, a negoziare con i mercanti (sì, sono uno di quelli che rompe le scatole per chiedere sconti allucinanti!), ad assaggiare quello che mi viene proposto, come tutte le varietà di oliva, per poi prendere sempre le stesse, quelle pugliesi di Cerignola.

Ma mi piace sperimentare, assaggiare, toccare la frutta e sentirne l'odore. Non do mai nulla per scontato.

Mi piace girare per il mercato perché pieno di colori e odori. Gli odori sono fortissimi, come quello del baccalà appeso, seccato; oppure quello del pollo allo spiedo. Ne avverti il tanfo già a centinaia di metri di distanza.

Il ricordo, nel momento in cui mi aggiro per il mercato, vola subito ai mercati che ho potuto visitare nell'arco della mia vita. A quelli più belli, in India, Vietnam e Thailandia.

Ne rammento le spezie, gli odori e i colori. Forti e intensi. L'incrocio di sguardi con migliaia di persone che si barcamenano tra una bancarella e l'altra. Tutti immersi nel flusso chiamato Vita, in cui si compra e si vende, si contratta chiedendo lo sconto.

Andare al mercato, in quei Paesi, significa fare una vera e propria esperienza "mistica". E questa cosa mi manca. Sono quelle piccole cose che uno dà per scontato, ma che ho imparato a vivere in modo autentico.

Ecco perché adoro andare al mercato. Prendermi il tempo per scegliere, dire una cazzata al commerciante, litigare per una multa con il vigile stressato e arrabbiato con il sottoscritto per aver parcheggiato dove, a detta sua, non avrei dovuto.

Andare al mercato, anche oggi, può voler dire autenticità, se ne sai gustare ogni momento.

Ad ogni modo: dopo il mercato si torna a casa e si cucina ciò che di fresco si è comprato.

E quello che succede è che mi abbuffo a pranzo. Non all'eccesso, eh, ma quel tanto che basta per portarmi a fare un pisolino.

Non lo faccio mai, non è nella mia indole. Quando lo faccio, però, sorrido. Perché mi torna alla mente la mia infanzia. Ricordo la visita ai miei zii, e la consueta "pennichella" pomeridiana di mio zio Lino.

Almeno 2 ore di sane russate, lo zio Lino! Beato lui…

Il mio è durato la bellezza di soli 15 minuti. Ma ci sta, l'ho dato per scontato: alcuni pensieri, quelli più irrequieti, mi distraggono. Si impossessano della mia testa e mi dicono che "chi dorme non piglia pesci".

"Daniele, svegliati! Vai a lavorare!" mi dico…

… Ed eccomi qui!

Ti parlerò di che cosa sia e a cosa serva lo Yoga. Lo farò però in modo semplice, senza entrare in particolari tecnicismi.

L'ho scritto in precedenza, non sarà un esclusivo libro di come si possa praticare Yoga. Se desideri saperne di più a riguardo, a lezione ti consiglierò diversi grandi manuali su questa fantastica disciplina.

Come definiamo lo Yoga? Pratica, disciplina, dottrina?

Certamente, sono termini rientranti nella sua definizione.

Ma voglio semplificarlo ulteriormente:

Lo Yoga è un sistema, un mezzo, una scienza che accompagna l'Uomo sul cammino della sua Evoluzione.

Yogananda nel libro "L'Eterna ricerca dell'Uomo", nel paragrafo l'Universalità dello Yoga, definisce lo Yoga come:

"Un Sistema di Metodi Scientifici Volti a Riunire l'Anima allo Spirito".

Pensa di indossare una maschera; di essere un personaggio. Perché è questo che noi siamo nella nostra quotidianità. Lo Yoga, praticato con costanza e in veste Autentica, spoglia l'individuo della sua persona, intesa come maschera, che cela la sua vera identità.

Lo scopo è quello di giungere alla Conoscenza del Sé.

Lungi da me il desiderio di confonderti. Se così fosse, immagina allora questa conoscenza come il momento più felice della tua vita.

La vera conoscenza, che non è quante lauree abbiamo, è infatti la chiave della vera felicità.

Vi sono persone, a questo mondo, con il cuore spento, che vagano senza una precisa meta. Esseri umani desiderosi di conquistare il mondo, ma incapaci di scrutare ciò che hanno dinnanzi a loro.

La Conoscenza di Sé è lo strumento per disciplinare le nostre esperienze interiori, riconoscendo con integrità e umiltà ciò che siamo e ciò di cui necessitiamo.

Il mezzo, quello migliore possibile, per poter desiderare di affrancare un senso di felicità tuo e solo tuo. Una prosperità che illumini il tuo Essere, il cammino attraverso il quale giungere alla tua realizzazione.

Il dilemma è sempre legato alla nostra ricerca. Con coscienza o no, l'indagine umana mira alla Felicità, evitando al tempo stesso il dolore.

È così che funziona la nostra natura, il nostro corpo fisico, mentale ed emotivo.

C'è però un problema. E sai qual è? Che il dolore in realtà "deve" sempre prevalere all'inizio.

Valutiamo infatti il rischio di ogni azione, qualunque essa sia. Se alto – con altrettanta e conseguente possibilità di fallimento - il dolore guadagna metri e spazio nella mente dell'individuo.

Il dolore può arrivare a provocare fratture interne, anche insanabili. Può persino giungere sorprendente, inaspettato e considerevole, incrementando così la distanza che ti separa dal raggiungimento della FELICITÀ.

Felicità, un termine melodico che lascia dietro di sé una scia di dubbi e perplessità.

A questo scopo, lascia che ti parli appunto della Felicità, perché probabilmente non è ancora chiaro cosa indichi realmente questa parola.

Il Segreto della Vera Felicità

Ma Cos'è la Felicità?
È Davvero Quello Che Pensi?

Ti sei mai chiesto cosa possa essere realmente per te la felicità? Cosa sia necessario per il suo raggiungimento? Una risposta, in termini assoluti, ovviamente non esiste.

"La felicità e la pace del cuore nascono dalla coscienza di fare ciò che riteniamo giusto e doveroso..." diceva meravigliosamente Ghandi.

A prescindere dalla splendida verità insegnataci dal Mahatma, la felicità è peculiare in ogni individuo; un sentimento, questo, che ha come fondamenta dettagli che compongono la vita di tutti i giorni, la nostra mente e anche il nostro corpo.

Pensa a quanto sarebbe figo se ognuno di noi potesse essere felice in ogni istante, in ogni momento, a prescindere da quello che accade quotidianamente.

Ricorda il momento di eccitazione più potente che hai ottenuto. In compagnia di un partner, o magari anche in completa solitudine…

Ricordi? È vivo nella tua mente quel frangente di piacere estremo vissuto in piena armonia con te stesso?

Ebbene:

- Cosa saresti disposto a fare per rivivere un briciolo di quella letizia?

- Cosa saresti disposto a fare per ottenere un orgasmo senza limiti, giorno dopo giorno?

Due domande, queste, a cui piacerebbe elargire una risposta, unica e immediata, alla quale guardare con profonda aspirazione.

E in effetti una risposta c'è: mi riferisco **all'Estasi Spirituale**.

Il Maestro Yogananda ha definito l'estasi spirituale come *"milioni e milioni di orgasmi tutti insieme"*[iv]. Andare in estasi a volontà, senza alcun freno, a meno che questa non sia la ragione stessa della nostra mente.

Oggigiorno, chiameremmo il Maestro e il suo pensiero rispettivamente Motivatore e Motivazione, tracciando un sentiero autentico…

… Lo stesso che percorro lungo le pagine di questo libro.

Il segreto della vera felicità risponde a un sistema, con regole e direttive proprie.

La vera felicità non rispecchia una circostanza con protagonista il destino, l'istinto, o qualcosa sviluppatasi in maniera naturale. Questo è solo un laconico momento di estasi.

La vera Felicità segue un flusso originato sì dalla casualità, ma capace di prendere forma grazie alla guida che noi stessi dispensiamo lungo l'intero percorso. Un percorso condito da criteri e dettami capaci di poterti indirizzare verso l'unica vera meta possibile:

La Felicità, con la F maiuscola.

Questo perché, per giungere a uno stato di questo tipo, è necessario avere un sistema, con regole e direttive proprie.

Il filosofo indiano Patañjali ha decifrato questo sistema come Ashtanga Yoga.

Ashtanga Yoga
Lo Yoga Degli 8 Rami

"Che gran paternità quella degli alberi, che sanno dare a ciascuno dei loro rami un cammino verso la luce".
Lorenzo Oliván

La paternità dell'Ashtanga Yoga è, come detto, inequivocabilmente di Patañjali.

Patañjali è stato un filosofo indiano vissuto nel II secolo a.c. ed è ritenuto il fondatore del Raja Yoga, la disciplina mistica alla base dello Yoga Classico, sistema filosofico-religioso dell'induismo ortodosso[v].

Patañjali è il padre degli Yogasūtra, una raccolta di 296 brevi aforismi (chiamati sutra nella letteratura indiana) che descrivono la pratica e gli scopi dello yoga.

Il **Sutra 2.29**[vi] definisce in veste radiosa questo particolare sentiero: Ashtanga Yoga.

"Ashtanga" in sanscrito significa "otto". Ovvero "lo Yoga degli Otto Rami": **Yama, Nyama, Asana, Pranayama, Pratyahara, Dharana, Dhyana, Samadhy**.

1) YAMA

È il primo degli otto rami dello Yoga. Identifica le restrizioni e le fondamenta; le radici dell'albero dello yoga. Vediamola in questa maniera: senza queste, l'albero non starebbe in piedi...

Gli Yama sono 5: *Ahimsa, Satya, Asteya, Bramhacarya e Aparigraha*.

AHIMSA – La NON VIOLENZA: termine che deriva dall'unione del suffisso A (non) e del sanscrito Himsa (violenza, fare male). Identifica la non violenza, il non far del male. Non violenza, nella pratica fisica, è concepita come delicatezza nell'uso del proprio corpo.

Questo perché, quando si ha come obiettivo quello di raggiungere una determinata posizione, si tende a oltrepassare il limite richiesto dal fisico stesso. Non solo: praticare la "non violenza" anche nelle parole e nei pensieri vuol dire capire come, a volte, quello che si dice e quello che si pensa possa ferire più di un pugnale.

SATYA – La Veridicità: questo secondo Yama identifica la veridicità, il fatto di non mentire. Come nel caso degli Ahimsa, anche lo Satya si riferisce a pensieri, parole e azioni.

La verità va messa in atto con assoluta consapevolezza. È importante accettare la situazione del nostro corpo in qualsiasi momento, accettandone età e limiti. Bisogna essere onesti con sé stessi.

ASTEYA – Non Rubare: è originata dall'unione del suffisso A (non) e del termine sanscrito Steya (rubare). Quindi "non rubare". Rivela il sentimento dell'onestà. Essere onesti con sé stessi e con gli altri.

Il "non rubare" può essere applicato al cibo, per esempio. Non mangiare troppo, per "non rubare" il cibo di chi ha già poco sulla tavola. Oppure diventare vegetariano può essere dovuto al fatto di "non rubare" la vita ad altri esseri viventi.

BRAMHACARYA – Controllo dell'Energia Vitale: concerne il concetto di castità e il controllo dell'energia. Terminologia, questa, male interpretabile e poco fattibile nell'era moderna. Questo perché la maggior parte della gente crede che la spiritualità vada a braccetto con la castità.

Ma non è così!

La forza sessuale, nello yoga, ha una valenza notevole. Perché reprimere la propria energia sessuale significa voltare le spalle alla propria natura, al proprio essere, al proprio io.

Senza però eccedere, rischiando così di diventarne schiavi e dipendenti.

APARIGRAHA – Non Avidità: identifica la "non avidità", la "parsimonia"; la rinuncia di qualcosa che ecceda il necessario, lo stretto indispensabile.

Può essere anche intesa come astensione dal superfluo, dal non desiderare qualcosa di cui non si abbia davvero bisogno.

2) NYAMA

Termine derivante dall'unione della negazione Ni- e dalla parola sanscrita Yama (controllo). Quindi significa "non controllo".

Possiamo identificarle come "le osservanze", ovvero le attitudini e i comportamenti da seguire mentre si affronta il suddetto percorso.

SAUCA: in sanscrito saucha significa "purezza". Il significato immediato concerne la pulizia del corpo fisico. Questo perché il corpo è considerato come veicolo dell'anima, che va mantenuto puro e in buona salute.

SANTOSHA: significa "gioia incondizionata". Indica quella forma di contentezza senza freni, senza ostacoli. E consiste nell'alleggiamento di accettare e pensare che ognuno di noi riceva solo ciò di cui necessita. Per questo ne è contento.

TAPAS: deriva dalla radice sanscrita tap (bruciare). Indica il calore della determinazione, il fuoco interiore presente in tutti noi, se coltivato con attenzione e parsimonia. È la pratica costante, quotidiana, insita nella nostra volontà.

SVADHYAYA: sva, in sanscrito, vuol dire "sé stessi", mentre dhyaya significa "studio". È lo studio di sé stessi, quello individuale.

Può essere interpretato in due modi: da una parte, riferibile alla lettura dei testi classici dello yoga, dei grandi libri, quelli storici e del passato, su questa disciplina. In secondo luogo, consiste invece nello studio e nella contemplazione della nostra vera natura. La meditazione del "sé".

ISVARA PRANIDHANA: è l'abbandono nei confronti dell'Altissimo, la devozione a Dio. Infatti, Isvara significa "Dio"; mentre il termine Pranidhana vuol dire "devozione continuativa", "abbandono" nel senso di lasciarsi andare completamente, fidarsi del "Divino", avere una fede incondizionata.

3) ASANA

Le Asana sono le posture dello yoga. Sono le posizioni che vengono messe in atto nella pratica fisica della disciplina stessa.

Vengono messe in atto allo scopo di rafforzare il corpo, di migliorarne equilibrio e resistenza.

Il termine sanscrito "Asana" si traduce letteralmente con "stare seduti". Posizioni statiche, tali da ricordare elementi della natura, sinuose forme geometriche, oppure oggetti comuni.

Si suddividono in posture in piedi e in equilibrio; piegamenti indietro, laterali e in avanti; così come torsioni e posture capovolte.

Perché si praticano le Posizioni Yoga che noi tutti conosciamo?

L'obiettivo delle Asana e dell'Hata Yoga è di promuovere un ottimo stato di salute, rendendo il corpo stabile e flessibile, per prepararlo al pranayama e alla Meditazione.

Il sutra di Patanjali, forse il più noto, è il 46esimo del secondo libro: il STHIRA-SUKHAM-ASANAM, che pone in evidenza le asana, ossia le posizioni stabili e confortevoli.

Vi sono in totale 8 milioni e 400 mila Asana codificate in 84 Fondamentali del Maestro Yogananda.

4) PRANAYAMA

Se ci pensiamo, la vita inizia con un inspiro e si conclude con un espiro. Un dato di fatto, una legge universale.

Con questo termine non intendiamo solamente le tecniche del respiro, bensì il meccanismo attraverso il quale è possibile assorbire e controllare il Prana, ossia l'energia vitale, con l'obiettivo di rendere la mente forte e tranquilla.

5) PRATYAHARA

Probabilmente il meno noto, ma un tassello fondamentale per concepire appieno cosa sia la pratica dello Yoga.

In sanscrito, prati significa "contrario", "via da..." mentre hara vuol dire "tirare". Il termine può essere tradotto come "tirare via da...", riferendosi all'idea di sottrarre i sensi dall'oggetto del desiderio, ritirandoli verso l'interno, sviluppando così un forte senso di interiorizzazione.

6) DHARANA

Deriva dalla radice sanscrita dhri che vuol dire "trattenere". Indica la fase di concentrazione. La concentrazione vera e propria.

Patañjali stesso descrive la concentrazione come la capacità di "legare la coscienza in un unico posto". La concentrazione può essere rivolta all'esterno oppure all'interno, praticata con gli occhi chiusi o aperti.

7) DHYANA

Identifica la contemplazione, la riflessione, la meditazione profonda e astratta.

Lo scopo di questo penultimo ramo è quello di riuscire a sviluppare uno stato di flusso senza pensieri e senza consentire ad alcuna distrazione di influenzare o interrompere questo flusso.

8) SAMADHI

L'ultima tappa di questo viaggio, che noi tutti conosciamo come "l'illuminazione" è quella dell'assorbimento cognitivo.

Il termine significa letteralmente "mettere insieme", "unire insieme a...".

Identifica la rivelazione universale, tale da comprendere il senso dell'universo, facendo tesoro di tutto ciò che si è appreso negli step precedenti.

I grandi Maestri, come lo stesso Patañjali, hanno creato un sistema - oggi lo potremmo chiamare un Protocollo - un insieme di pratiche, esercizi, respirazioni e strumenti vari per giungere all'ultimo grande obiettivo, quello della realizzazione.

Potremmo definirlo come un viaggio a tappe, di cui è impossibile definire una durata, perché variabile da individuo a individuo.

Eh sì, alla fine sono caduto su alcuni tecnicismi... Sono venuto meno alle premesse iniziali, di non trattare la disciplina dello Yoga da un punto di vista meramente tecnico.

L'ho fatto però volutamente, allo scopo di offrirti un'infarinatura, generale, su cosa sia lo yoga.

Ritenevo doveroso farlo, per consentirti di comprendere come lo Yoga non sia solo Asana, ossia posizioni e movimenti atti a rendere il corpo elastico e più funzionale,

ma contempli una serie di passaggi da modellare e far propri.

Senza entrare troppo nel dettaglio, per recepire come questa fantastica disciplina non sia solo posizioni ed elasticità, ma includa una vasta gamma di minuzie tali da renderla unica agli occhi di tutti.

Ora che hai compreso cosa sia lo Yoga, passiamo alla…

Mancanza di Gratitudine

Perché Dovremmo Essere Grati Anche Quando Pensiamo Non ci sia Nessun Motivo per Esserlo

"Gratitudine".

Un termine dalla valenza sorprendente. Una parola che, negli anni, sono riuscito a comprendere appieno. L'ho osservata, scrutata e valutata, giorno dopo giorno.

L'ho studiata, cercando di captare ogni segnale e sfumatura presente nei meandri più profondi del suo significato. E poi ne capirai il motivo.

Ho appena finito di revisionare le video testimonianze della 1^ Edizione del Corso di Meditazione Autentica della mia scuola, l'Authentic Yoga Milano.

Non è mia intenzione parlarti di questo corso (troverai tutti i riferimenti ad esso online). Ne parlo solo per farti comprendere come questo mi abbia aperto un mondo sul concetto di gratitudine.

Lascia che ti spieghi...

Durante il corso, alla fine di ogni ciclo, è prassi chiedere dei feedback agli allievi.

Questo mi serve per diversi motivi. Per capire:

- ✓ Se le promesse iniziali, quelle illustrate in fase di vendita, abbiano colto nel segno.
- ✓ Se ci siano spunti o consigli volti a migliorare l'edizione successiva.
- ✓ Se il mio pensiero, e tutto ciò che è presente nella mia testa, sia arrivato a loro.
- ✓ Se gli allievi abbiano quindi ottenuto un beneficio reale dal corso stesso.
- ✓ Per migliorare l'edizione del corso successivo, in modo da rendere il corso sempre più "potente" ed "efficace".

Ho sempre pensato che, durante un'emergenza sanitaria, o comunque durante un periodo di profonda difficoltà, fosse importante non perdersi d'animo.

Non conosco il momento esatto in cui leggerai questo libro, ma viviamo un momento storico per certi versi anche drammatico, sicuramente anomalo. Un momento di difficoltà oggettiva per il nostro Paese e non solo, per l'intero globo.

Ho sempre creduto fosse necessario reagire con determinazione. Quella tenacia che ha rafforzato i nostri animi, desiderosi di sormontare le barriere intrise di difficoltà quotidiane.

Le complicazioni ci sono e ci saranno, sempre; ma non per questo la risoluzione con la quale abbiamo costruito, e continuiamo a farlo, la nostra vita, minuto dopo minuto, debba per forza soccombere all'impeto di forze esterne.

Vedila così - riprendendo un trafiletto di una mia intervista all'Ansa[vii] - come un nuovo modo di vedere quel bagliore d'orizzonte, quella luce in fondo a questo maledetto tunnel in cui imperversa il Covid.

Dobbiamo corroborare lo "specchio" di ciò che siamo, e di ciò che continueremo a rappresentare, con la consapevolezza che nelle difficoltà v'è la necessità di trovare le fondamenta su cui ricostruire un roseo futuro.

Mutare il brutto in bello. Scorgere un briciolo di positività in tutto ciò che di negativo ci sovrasta, o perlomeno rischia di farlo.

Ed ecco che, durante la pandemia, ho riconosciuto nell'Online e nella piattaforma Zoom un vezzoso dettaglio: la registrazione.

Molte cose possono essere registrate, quindi riviste con calma. Sbobinate e analizzate.

Sì, fantastico!

Perché su alcune tematiche, in particolari quelle riflessive, è necessario ponderare ogni parola e il suo significato.

A esserne da esempio calzante il "caso" della gratitudine, manifestatami dal feedback di una mia allieva, che mi limiterò a chiamare Angela, nome di fantasia.

Nel video, Angela dice:

"Tra tutto quello che è stato detto e approfondito, l'aspetto che più mi ha colpito e che ritengo più importante è quello della Gratitudine".

Mi ha fatto pensare, e desidero trattarlo con te in veste interiore, a questo aspetto.

Partiamo dall'inizio.

Cosa significa Gratitudine?

Faccio copia e incolla della definizione di Treccani, che mi sembra una fonte autorevole:

"Gratitùdine s. f. [dal lat. tardo gratitudo -dĭnis, der. di gratus «grato, riconoscente»]. – Sentimento e disposizione d'animo che comporta affetto verso chi ci ha fatto del bene, ricordo del beneficio ricevuto e desiderio di poterlo ricambiare (è sinonimo di riconoscenza, ma può indicare un sentimento più intimo e cordiale): avere, sentire, nutrire g. per (o verso) qualcuno; serbare, mostrare g. a qualcuno; g. sincera, profonda; atto, manifestazione, segno di gratitudine"[viii].

La Gratitudine è dunque un sentimento di affettuosa riconoscenza per un beneficio o un favore ricevuto che risponde a una sincera e completa disponibilità a contraccambiarlo.

Allora io mi chiedo: Quante volte contraccambiamo il bene ricevuto?

E per spiegarti questa cosa, mi sento in dovere di riesumare un episodio alquanto suggestivo, relativo alla mia professione principale, quella di imprenditore nel settore della formazione.

Devi sapere che in uno dei miei percorsi di crescita è presente un colloquio di selezione.

Si tratta di un Master, a cadenza annua, allo scopo di formare veri e propri docenti "consapevoli". È un Master che prevede un investimento di diverse migliaia di euro. Non solo, per accedervi è necessario valicare 3 livelli di selezione, in qualità di colloquio.

Il primo livello, iniziale, immediatamente dopo la candidatura, è quello telefonico: il candidato indica nel formulario online le motivazioni che sollecitano il suo desiderio di diventare docente nella nostra accademia.

Superato questo, invitiamo lo studente per un secondo colloquio, in loco, presso la nostra sede di Milano. Questo viene diretto da un Coach esperto e professionista, dalla durata anche di 2 ore.

L'obiettivo è capire se il candidato possieda realmente le qualità per compiere un percorso da docente.

Dobbiamo comprendere se sia disposto ad "aiutare il prossimo" e se possieda la mentalità giusta e necessaria al cambiamento.

Non ci limitiamo alla valutazione delle sue capacità tecniche. Bensì andiamo oltre, vagliando la sua personalità, il modo di porsi.

Le peculiarità che lo contraddistinguono, in linea con la nostra filosofia aziendale.

Completati questi, c'è l'ultimo ostacolo, il colloquio definitivo: quello con me.

I candidati sono sempre più numerosi. Sono tanti, veramente tanti. Attraversano anche tutta Italia per venire alle selezioni.

E non solo, abbiamo avuto il piacere di poter selezionare candidati provenienti da Londra, dal Brasile e dal Perù.

Tutto questo per dirti, al di là delle componenti economiche e di crescita finanziaria della nostra realtà, che i principi della nostra Accademia sorvolano gli aspetti meramente materiali.

Vanno ben oltre, impregnandosi di caratura emozionale.

Di quella stima, reciproca, atta a comporre il mosaico della nostra unicità e originalità, che io chiamo:

Il "Mosaico della Fiducia"

Ma come si tesse questo mosaico? Con la Gratitudine! L'esempio fatto racchiude questo concetto.

Un concetto questo che, al suo interno, provvede ad accompagnare anche sfumature di "altruismo".

E che diamine! Saremo mica solo egoisti, prendiamo sempre senza dare?!

Purtroppo sì, l'umanità si palesa difettosa a caratteri cubitali, se si tratta di dover essere altruisti.

Guarda al prossimo non come un ostacolo, non con invidia.

Facciamoci un esame di coscienza inter nos, tra me e te: quante cose stai ricevendo nella tua vita?

Quante cose stai invece donando?

Ognuno di noi dovrebbe esprimere gratitudine.

C'è sempre qualcosa per cui è doveroso ringraziare.

Chi pratica con me lo sa: alla fine della pratica esprimiamo gratitudine, sempre. Esprimiamo il nostro sentito grazie per il benessere che, in quel dato istante, abbiamo la fortuna di poter vivere.

Ma sai qual è la cruda verità?

In giro c'è davvero poca gratitudine. Siamo tutti bravi a ricevere, a ottenere, ma quando si tratta di dare... beh, sono in pochi quelli che lo fanno senza un interesse personale.

Da qui nasce il concetto di "Mosaico della Fiducia".

Una metafora, dai risvolti suggestivi e sorprendenti, capace però di nascondere insidie.

La fiducia è un sentimento ambiguo. Ambiguo perché le conseguenze possono incappare in ostacoli irreversibili.

Conquistare la fiducia di una persona è un atto complicato, che necessita di un cammino che, nella maggior parte dei casi, si rivela lungo e tortuoso. Non si acquisisce fiducia da un giorno con l'altro. Dobbiamo stare attenti a non confonderla con "buona impressione", "educazione", ma soprattutto con la parola "rispetto".

Il rispetto è una cosa; la fiducia un'altra.

La fiducia va costruita, giorno dopo giorno. Va tessa una ragnatela di sostanza, marcata, tra un individuo e un altro. Tra un Maestro e il suo Allievo, passo dopo passo.

Tassello dopo tassello, il mosaico si compone. Senza smagliature e tratti sbiaditi. Lungo il percorso, un tassello può anche non calzare perfettamente nel posto in cui lo si pone.

Non fa niente, non è un problema. Si è sempre a tempo a trovarne il giusto spazio. Ma è importante costruirlo con costanza e con le buone intenzioni. Tra queste, la più importante è come detto la Gratitudine.

La fiducia si esalta in tutta la sua magnificenza proprio grazie alla gratitudine.

Un sentimento che richiede reciprocità per splendere nel corso del tempo.

Bisogna imparare a dire Grazie, in particolare a ciò che riteniamo visibilmente dovuto.

Un gesto di una madre o di un padre; quello di un fratello o di una sorella. Ma anche quello di un amico, o di un Maestro, di un Insegnante.

Un gesto considerato da molti sottointeso, che un individuo compie in automatico. Ma non è così; non è mai così.

Ed ecco che il cuore mi si riempie di gioia quando apro e leggo una mail di un mio/a allievo/a.

Perché nulla è scontato... Dal momento in cui, però, si riesce a tessere questo sorprendente mosaico, beh... la strada relazionale, condita da successo e felicità, potrebbe essere solo che in discesa.

A tal proposito, uno degli strumenti per imparare ad essere Grati (sì, si può imparare ad esserlo!) è...

La Meditazione Autentica

Semplicemente per Essere Sé Stessi

Ho scritto le seguenti righe a febbraio, verso la fine. Il secondo mese dell'anno stava per chiudere i battenti, lasciando spazio a marzo e alla luce che torna a farsi più protagonista.

Le giornate si allungano. Il freddo, seppur in maniera labile, inizia la sua lenta (molto lenta) ritirata, per far spazio alla primavera.

Non me ne vogliate, non ignoro il fatto che l'attesa per il caldo sia ancora lunga.

Da marzo a primavera inoltrata beh, le settimane sono ancora tante…

È altrettanto innegabile, però, che a marzo si inizia a respirare una parvenza di nuova stagione.

Non trovi anche tu?

Si inizia ad assaporare il gusto delle festività, in attesa di beneficiare delle passeggiate domenicali, agguantando un briciolo di vitamina D in più grazie ai raggi del sole.

Si inizia a godere al sol pensiero di una futura cena all'aria aperta, o anche solo di un gelato al parco.

Si comincia quindi a pensare a un'estate non più così un miraggio, sempre meno distante. Al caldo, al sole, al mare…

Voi direte:

"Ma Daniele, sei consapevole che a marzo è ancora inverno e che siamo ancora in piena emergenza sanitaria?"

Avete ragione. E io, con altrettanto raziocinio, rispondo che ne sono conscio. So perfettamente cosa ci attende da qui ai prossimi mesi.

Sono razionale nel credere come il tempo che ci si prospetta all'orizzonte vaghi ancora nell'incertezza totale, o quasi. Così come so perfettamente che a febbraio possiamo tornare benissimo sotto zero da un giorno con l'altro.

Vero, verissimo…

Ma io bramo Ottimismo e Positività. Desidero vivere aprendo gli occhi e donare una parvenza di reale a ogni utopia, qualunque essa sia. A meno che non si tratti di una chimera. In questo caso, essendo un mostro mitologico greco, beh… Posso farci ben poco!

La mia vita, così come la mia carriera, è sempre stata percorsa dallo stesso filo conduttore.

Quello di non smettere mai di credere in ciò che si fa.
Ma soprattutto in ciò che SI È.

Solo così sono riuscito a ottenere i traguardi che mi sono prefissato nel corso degli anni, nel mondo del marketing, dell'imprenditoria e dell'insegnamento.

Torniamo alla Meditazione e alla serietà con la quale è doveroso accompagnarla. Il motivo è dettato dal fatto che questo capitolo tratta qualcosa di molto importante.

Protagonista di questo paragrafo è la Meditazione.

La Meditazione Autentica.

Mesi e mesi di lockdown, di restrizioni e coprifuoco. Un anno e più, oramai, limitati a una condizione che ha comportato conseguenze, anche gravi, su molte persone, per non parlare delle tragiche perdite di parenti e amici.

Ecco a cosa risulta essere utile la Meditazione.

A valicare un periodo buio come questo, che ha causato in alcuni individui periodi di stress e ansia amplificati.

Momenti di forte instabilità mentale e psicologica. La paura, rafforzata, di un futuro che appare sempre più incerto. La preoccupazione che si esca da tutto ciò con le "ossa rotte", in ogni settore, in ogni dove.

Lecito, un pensiero in questa veste. Lodevole è, però, scovare una parvenza di soluzione.

Anche la scienza ha compreso e dimostrato con centinaia di studi l'importanza di questa pratica meditativa, di come la sua "semplice" efficacia possa apportare benefici che nemmeno sappiamo di poter vivere.

La Meditazione necessita però di ben altre sfumature, di autenticità e genuinità, per essere assorbita nel miglior modo possibile.

Quella Autentica, di Meditazione, vissuta in Authentic Yoga, permette di abbracciare ogni piccolo dettaglio ed ogni piccola goccia della felicità interiore che sfuma in qualità di contenuto, profondo e intenso, dell'anima.

La Meditazione Autentica Consente di "Insegnare la Gentilezza alla Propria Mente".

Sì, hai letto bene!

INSEGNARE LA GENTILEZZA ALLA PROPRIA MENTE…

Una frase bellissima, non credi?

Sei parole, una dopo l'altra, a costruzione di un contenuto che va al di là della bellezza stilistica, della sinuosità del suono che provoca la sua lettura.

Di un contenuto che riserva un valore inestimabile.

Insegnare la gentilezza alla propria mente: arrivare a comprendere come la felicità, il senso di serenità ultimo e interiore, ponga le proprie basi partendo dalla mente umana.

Essere gentili con noi stessi, ancor prima che con gli altri. Eludere quel senso di risentimento verso la nostra persona, prima di riversarlo sugli altri, specialmente sulle persone a noi care.

Placare rumori, suoni, dolori e sofferenze che vivono e si stanziano inesorabili all'interno del nostro subconscio, sfruttando i momenti di debolezza e fragilità.

Quegli attimi di sfiducia in noi stessi, dovuti a impedimenti che la vita ci riserva senza prima bussare alla porta, senza un cavolo di preavviso.

Pensiamo quanto l'emergenza sanitaria dovuta al Covid 19, nell'ultimo anno, abbia costretto la nostra mente a un sovraccarico di pensieri ed emozioni senza eguali.

Pensiamo, inoltre, a quanto sia stata dura, e negata, la normalità dell'essere umano dal febbraio scorso.

Dodici mesi e passa di quotidianità a metà, limata in negativo da quando il Coronavirus ha sconvolto noi tutti.

Ebbene, la Meditazione ha consentito (consente e consentirà) di valicare gli ostacoli dettati dalle difficoltà del momento.

Consente di Essere nel Presente, nel qui e ora, nell'Adesso, nell'unico momento Reale, come il Maestro Eckhart Tolle insegna nel suo libro "*Il Potere di Adesso*"[ix].

La Meditazione, in qualità di "ultimo appello", di "ultima chiamata" al ritrovamento della pace interiore che noi tutti desideriamo poter riconciliare alla nostra mente.

La Meditazione, in veste di chiamata fisiologica e psicologica alla ricerca del benessere che bramiamo poter accompagnare alle lacrime di gioia al risveglio il mattino successivo.

La Meditazione, quella Autentica, per abbracciare il frutto, paradisiaco, dell'essenza dell'uomo, ritrovando noi stessi e l'immane voglia di vivere, insita proprio nell'essere umano.

La Meditazione… Semplicemente per essere Sé stessi.

Un insieme di emozioni e suoni atti a identificare un valore: quello di essere noi, nel bene e nel male. Di riconoscerci, con i nostri pregi e i nostri difetti. Aver consapevolezza di ciò che siamo.

Nelle precedenti righe ho parlato della felicità, e di ciò che comporta vivere un sentimento di questo tipo.

Ebbene, la Felicità è una logica conseguenza del fatto di essere Sé stessi, di sentirsi bene e in pace con la propria persona. Meditare, in veste autentica, significa poter arrivare a stare veramente bene con il nostro Essere.

Vi racconto questo aneddoto, che poi tanto aneddoto non è. Perché è la realtà, è quanto accaduto a un mio allievo, Mario.

Sì, si chiama Mario. Non utilizzo nomi di fantasia, non v'è la necessità. Perché entusiasta di poter offrire il proprio contributo, seppur piccolo, con il suo esempio.

Mario ha partecipato alla prima edizione del Corso di Meditazione Autentica. L'ha fatto per pura e mera curiosità. Ha deciso di iscriversi perché incuriosito e affascinato da questo mondo.

Sì, Mondo. Così l'ha definito quando gli ho chiesto il motivo del suo interessamento. Un mondo totalmente nuovo, a lui sconosciuto.

Un mondo che, nel corso della sua vita, non ha mai avuto modo di poter e voler approfondire. Perché oltre a non aver avuto a che fare con qualcuno che lo portasse a discernere questa pratica, non ne è mai stato attratto.

Proprio così, non ha mai sentito il bisogno di farlo. A 30 anni, invece, la curiosità l'ha fatta da padrone. La curiosità, insita in lui, ha accompagnato questa sua scoperta.

"Una novità, questa, in tutto e per tutto. Una piacevole sorpresa, dopo le prime lezioni. Una realtà capace, lezione dopo lezione, di avermi donato ulteriore motivazione quotidiana. Ti sono grato, grazie Daniele". Mario.

Parole, queste, che mi hanno gratificato. Un esempio del dare e ricevere di cui ti ho parlato già nel libro. Quella gratificazione, reciproca, tale da elargire un senso di benessere senza eguali. Un senso di riconoscenza che non sia materiale, ma umana.

La riconoscenza per essere stato Me stesso. E questo concetto sarà approfondito più avanti.

Ora vorrei raccontarti del mio viaggio...

Road to... China!

Parole d'Amore per lo Yoga

Il mio amore per lo Yoga. Un amore sbocciato dal nulla, corrisposto sin da subito e fortificatosi negli anni.

Ho scritto una lettera a riguardo, ma non ne rendo nota nemmeno una sillaba tra queste pagine, lo farò in Ritiro, per chi avrà piacere di approfondirne le sembianze.

Era il 3 novembre 2019. Era una domenica. All'apparenza come tutte le altre, se non fosse che mi trovavo sull'Aereo, in volo: direzione Cina, per praticare con uno dei miei Maestri.

Desideravo prendere del tempo per me stesso, per la mia persona. Liberando la mente da ogni minimo grattacapo lavorativo. Non solo dalle grane professionali, anche da ogni minimo dettaglio della mia quotidianità.

Era tempo per Daniele. Daniele l'uomo; solo come uomo. Come essere vivente ed essere umano, partito per rafforzare il suo spirito e ritrovarsi nei meandri più profondi della sua interiorità.

Ho sperimentato come dedicare del tempo per sé sia il miglior investimento che si possa (e si debba) fare, perché valvola di sfogo e macchina rigenerativa capace di elargire quel vigore necessario a ripartire nella vita di tutti i giorni. Lo stesso modus operandi dei Ritiri in montagna…

Tornando al volo. Ho passato quelle ore a pensare e a riflettere, a leggere e a scrivere.

L'attenzione si è soffermata su Paulo Coelho ed il suo "Manuale del Guerriero della Luce". Bellissimo. Le sue frasi, la melodia che si genera dall'indissolubile legame delle parole utilizzate.

Poesia, pura poesia. Un sentimento intenso mi ha attraversato nel momento in cui mi sono soffermato sulla seguente porzione di testo:

Un guerriero della luce fa sempre qualcosa fuori dal comune. Può ballare per la strada mentre si reca al lavoro, guardare negli occhi uno sconosciuto e parlare di amore al primo incontro, difendere un'idea che può sembrare ridicola.

I guerrieri della luce si permettono simili cose.

Egli non ha paura di piangere per antiche persone, o di gioire per antiche scoperte. Quando sente che è giunto il momento e parte per l'avventura tanto sognata. Quando capisce di essere al limite della resistenza, abbandona il combattimento, senza colpevolizzarsi per aver fatto un paio di follie inaspettate.

Il guerriero della luce non passa i giorni tentando di rappresentare il ruolo che gli altri hanno scelto per lui.

Un guerriero sa che i fini non giustificano i mezzi. Perché i fini non esistono: ci sono solo i mezzi. La vita lo trasporta dall'ignoto verso l'ignoto. Ogni minuto è rivestito da questo mistero appassionante: il guerriero non sa da dove viene né dove sta andando. Ma non è qui per caso.

E la sorpresa lo riempie di gioia, i paesaggi che non conosce lo affascinano.

Molte volte ha paura, ma questo fa parte della norma per un guerriero. Se egli pensasse solo alla meta non riuscirebbe a prestare attenzione ai segnali lungo il cammino. Se si concentrasse su una singola domanda, perderebbe le varie risposte che gli stanno a fianco.

Perciò il guerriero si concede.

Paulo Coelho nel Manuale del Guerriero della Luce.

Protagonista il ritmo frenetico della città e il bisogno di non farsi inghiottire da esso, affrontandolo invece con il giusto spirito, con l'atteggiamento di chi vuole sovrastare avversità e sfortuna, routine ed infelicità.

L'atteggiamento, questo, di un vincente, del guerriero di luce.

Un concetto che, fortemente, ho bramato riprendere ed esprimere in questo libro. A questo preciso punto del libro.

Perché ognuno di noi sente la necessità di estraniarsi dalla vita di tutti i giorni, quella esasperante che pretende sempre di più da noi.

Senti anche tu il bisogno di fermarti? Di (ri)trovare te stesso? Di riscoprire il tuo vero potenziale? Di coltivare la tua crescita interiore? Di cominciare o continuare un percorso autentico che trasformi e riesca a plasmare il tuo destino?

Il ritiro, di cui parlerò nella pagine di questo libro, serve proprio a questo.

A permetterti di rispondere a questi quesiti in veste positiva.

Di fare un'esperienza per te stesso, per convertire inferno in paradiso.

Il Barbone e Quella Insana Voglia di Cambiare il Mondo

(Alias: Come Farsi i Caxxi Propri, a Volte, sia la Soluzione Migliore)

Ho parlato di valori e principi, di modi d'essere e di porsi. Nella vita e nel lavoro, nelle amicizie e negli affetti.

Per questo voglio raccontarti una storia. La storia di come un Uomo, in quel frangente della sua vita in veste di clochard, mi abbia consegnato una lezione di vita.

Questa storia, in realtà, si presta bene per tutte quelle persone che sentono il forte desiderio di aiutare, di cambiare gli altri, di offrire il proprio contributo.

Mi rivolgo a tutti i volontari, grazie ai quali, davvero, il posto in cui viviamo è un mondo migliore.

Per questo, se senti quella forte spinta interiore verso il prossimo, la storia che segue ti potrà affascinare ed essere molto utile.

La storia si è sviluppata nella giornata di lunedì. Un lunedì apparentemente come tanti in quel periodo. Una di quelle giornate in cui provavo serenità; in cui ero felice. Tutto stava andando alla grande. Ogni tassello della mia vita era posizionato al proprio posto, al posto giusto.

Era l'epoca in cui dirigevo l'Agenzia di Marketing che avevo fondato. C'era un cliente, un potenziale cliente. Mesi e mesi dietro a quest'uomo affinché si convincesse a scegliere la mia agenzia.

Quel lunedì fu il giorno in cui disse sì. Quel giorno, dopo svariati incontri in cui mi lasciava sempre vacillante, mi chiamò e mi disse: *"Ho deciso, ho scelto lei e la sua azienda"*.

L'entusiasmo, sotto forma di intenso brivido, mi attraversò nell'immediato. Chiusi la chiamata e istintivamente urlai. Urlai di gioia, perché ritenevo quel contratto fondamentale. Era divenuta per me una questione prioritaria, quasi di vita o di morte. Un duello, un confronto, "all'ultimo sangue", da dover a tutti i costi vincere.

Un bel contratto a 5 zeri. Sì, hai letto bene. A cinque zeri! Una somma notevole per un'agenzia emergente come la mia. Per me, ancora giovane, significava molto. Un importante imprenditore e un'importante azienda avevano scelto proprio me. Ero in estasi!

Lo ero anche per un'altra ragione. Per il fatto che tutti mi continuavano a dire che le grandi aziende non avrebbero mai scelto aziende giovani come la mia, perché in certi ambiti per lavorare devi essere *raccomandato,* devi *conoscere qualcuno.*

Ma non ho mai voluto credere a questo, perché convinto che in ognuno di noi, in fondo, ci sia sempre del buono e del giusto.

Pur consapevole che la nostra cara e amata Italia funziona così, credo fortemente nelle persone. Anche in quelle che giudicano senza conoscere. All'italiano medio che etichetta una persona di successo come un ladro, un mafioso e un criminale, a prescindere da qualsiasi cosa e da come abbia fatto i soldi.

Questa mentalità bigotta e ottusa - raccontata benissimo nel film che ti consiglio di vedere, "Benvenuto Presidente" di Riccardo Milani e interpretato magistralmente da Claudio Bisio, che nello Yoga possiamo chiamare *Karma Nazionale* - non ha aiutato il nostro Paese e non lo sta facendo nemmeno adesso. E noi tutti siamo consapevoli di vivere una situazione drammatica…

Perdona la digressione…

Tornando a noi, a me, al mio momento di felicità, al mio successo, al contratto firmato.

Firma giunta grazie a perseveranza e competenze, alla determinazione che mi ha sempre contraddistinto.

Ma anche grazie alle discipline autentiche, allo Yoga e alla Meditazione. Grazie ad esse il mio modo di operare, nelle relazioni e nel lavoro, ne stava sempre più giovando in sicurezza, consapevolezza e risultati.

Una mia caratteristica, ai tempi dell'Agenzia, era il fatto di selezionare la clientela in maniera molto rigida. Ero consapevole dell'impatto che il mio modo di lavorare nel Marketing potesse donare valore alla clientela stessa, implementandone i margini di guadagno. Non era presunzione o arroganza, semplicemente convinzione nelle mie capacità e in quelle dei miei collaboratori.

E, soprattutto, desiderio di non uscire dai principi etici e morali che mi sono imposto di rispettare sin dagli albori. Se un'azienda o un imprenditore non figuravano in linea con essi, rinunciavo al lavoro.

Non nego di essermi trovato in frangenti simili. Non nego neppure, in principio, di aver collaborato con clienti distanti anni luce dal mio modo di pensare ed agire. Ma è stato un caso isolato... e suggestivo.

Suggestivo perché, oltre ad incassare un bel contratto, ero certo di poter imparare molto da lui e dalla sua esperienza.

Me l'ha fatta penare, eh; mi ha fatto sudare le cosiddette "sette camicie" per giungere alla definizione del contratto. Quell'uomo mi ha messo alla prova, letteralmente.

Un giorno mi ha posto una domanda che, ancora oggi, quando mi fermo a pensare, mi strappa un sorriso sul volto:

"Daniele, preferisci l'uovo oggi o la gallina domani?"

E sapete qual è stata la mia risposta?

"Preferisco tutto il pollaio, domani, compreso di gallo e di galline".

Penserete, che ingordo questo! Non si accontenta mai...

Potreste anche aver ragione, se non fosse che la mia risposta non pecca di pretensione, bensì di ambizione, quella buona.

Di desiderio di raggiungimento degli obiettivi.

Non sono mancate diverse "uova" lungo il tragitto. Ma, passo dopo passo, con la dovuta pazienza e la costante perseveranza, sono riuscito ad agguantare quel benedetto pollaio…

Fidarsi delle persone non è affatto una cosa semplice. Lo comprendo. Capisco come si possa tentennare dinnanzi a una persona che ti offre benefici mediante le sue attività. È pieno di guru del Marketing pronti a tutto pur di farti cadere nelle loro grinfie…

Ti parlo da esperto marketing, oltre che da imprenditore: fidarsi di un professionista, intento a venderti un suo servizio, non è immediato, non è dovuto.

Ogni guru ti promette servigi che, a suo dire, sono migliori di quelli dei competitors. Che, a suo dire, ti faranno svoltare. È normale partire prevenuti, così come lecito non riuscire a esprimersi positivamente a seguito di una sua richiesta.

Giusto qualche tempo fa, ad inizio 2021, durante una coaching che ho fatto con un mio Team Leader, ci siamo soffermati su quest'aspetto: sulla questione della diffidenza che le persone palesano nei nostri confronti; sul fatto che spesso, prima di fidarsi di una persona, la si voglia conoscere in maniera più approfondita; vogliamo sapere se si possa realmente creare un rapporto di fiducia con la medesima.

Riflettici un attimo…

Non accade così in ogni ambito nella tua vita? Nelle relazioni? Nella scelta del Maestro di Yoga? Nella palestra? Quando decidi di comprare un abito, una scarpa o un qualsiasi altro oggetto?

Vogliamo non pentirci della scelta fatta, con la certezza di aver preso la giusta decisione e, per questo, sviluppiamo quei meccanismi di difesa inconsci allo scopo di proteggerci.

E così, fanno le persone di fronte a professionisti del Marketing.

E così, fanno le persone di fronte agli insegnanti di Yoga.

Ed è giusto che sia così: per farti un esempio, nella nostra scuola Authentic Yoga offriamo delle prime lezioni di prova in modo che insegnante e allievo possano imparare a conoscersi a vicenda.

In modo da creare sin da subito le giuste premesse per un lavoro autentico, di rispetto e, come dico sempre, vedere se si è "allineati", se l'energia, il prana dell'allievo e dell'insegnante risuonano nello stesso spettro di frequenza.

Tornando a noi, al barbone, a quel lunedì capace di cambiarmi la vita, a modificarmi l'umore in un batter di ciglia.

Quel lunedì, come ogni lunedì, dopo il lavoro praticavo yoga. Con gli occhi brillanti per il contratto firmato, ero in estasi per la pratica.

Lo yoga, anche quel giorno, era stato speciale.

Le asana volate, come non mai. Mi sono trovato in un flusso libero e sciolto. Un flusso leggero, di cui la mente ha gradito i risvolti.

Una mente calma, la mia, in cui i pensieri si sono rivelati fluidi come il melodico volo dell'aquila tra le montagne.

Uscito dalla scuola, come ogni santo inizio di settimana, sono andato a mangiarmi un gelato. Una mia abitudine, quella di un buon gelato da "Rivareno", in Zona Navigli. Te lo consiglio!

Fortuna ha voluto che trovassi parcheggio subito, vicino ai portici, in Piazza 24 maggio. Probabilmente non lo saprai, ma proprio sotto quei portici si trovano alcuni senzatetto.

E lì, in un punto preciso, qualcosa ha catturato la mia l'attenzione. Ma il contrasto luci e ombre oscurava la mia visuale.

Era un senzatetto, sì; ma mi sembrava di conoscerne lineamenti ed occhi. Dettagli che, oltre a incuriosirmi, sembravano volermi far tornare alla mente ricordi passati.

Mi sembrava di conoscere già quella fisionomia: capelli bianchi, portamento sì trasandato ma comunque distinto; atteggiamento fiero.

Non lo stereotipo del classico barbone, ma una signora (sì, era una donna) che non so per quale motivo si trovasse in quella condizione.

Mentre trafficava con le sue cose, la mia vocina interiore ha preso il sopravvento:

"Daniele, cosa aspetti? Valle a parlare, magari le serve una mano".

Combattuto, ho pensato:

"Cosa faccio? Faccio lo gnorri e vado a mangiare il gelato oppure vado a parlarci?"

Essendo coach e insegnante, per mia natura, sorge spontanea l'ipotesi di poter esser d'aiuto a qualcuno. Il fatto di poter dare una mano. Non per forza in termini economici, ma di poter esser di supporto ascoltando, comprendendo i motivi della sua situazione.

Scovare un modo per uscirne o, semplicemente, per esserne di mero conforto.

Sincero: in quel dato istante, non sapevo davvero come comportarmi.

Ho deciso, forse egoisticamente, di andare a prendere il gelato, ipotizzando (sperando?) non ci fosse più al mio ritorno.

Mangio il gelato, cremino "Rivareno" e pistacchio di Bronte con fonduta di cioccolato: unico e inimitabile, qualcosa di sublime.

Ma non lo gusto come vorrei. Eppure qualcosa da festeggiare ci sarebbe, eccome. Ricordi il contratto? Caspiterina, ci sarebbe sì da festeggiare...

Eppure non sono riuscito a gustarmelo, perché continuava a vagare nella testa il pensiero di quella donna.

Nel Kriya Yoga e nel sentiero interiore che sto percorrendo, non c'è spazio per il Marketing, quello diciamo "spinto".

Mi spiego.

I Maestri affermano con grande convinzione che

"Quando l'Allievo è Pronto, il Maestro si Presenta".

Lo so a cosa starai pensando. "Cosa c'entra questo con il Barbone?". Ora ti spiego.

Ho sempre creduto che toccasse ad ognuno di noi, in veste di prima persona singolare, fare il primo passo verso un bisogno o una necessità, un sentimento di benessere.

In quegli anni, in particolare, ero convinto che ogni situazione che comportasse un'emozione positiva al sottoscritto, dovesse essere provata anche dagli altri, per forza di cose, senza se e senza ma.

"Perché, se questa cosa mi fa stare così bene, non dovrebbe esser provata anche dagli altri?". "Sono tutti stupidi?"

"Ma cavolo, vieni a provare e vedi come starai meglio! Ti stai sempre a lamentare che hai dolori, che sei stressato e depresso, che la vita fa schifo ecc… Ma perché non provi una buona volta a fare Yoga? Almeno provaci, che ti costa?!".

Questi erano solo alcuni dei pensieri, alcune delle domande che mi passavano per la testa.

Per questo motivo "costringevo" tutte le persone a me vicine a venire a provare, facendosi una lezione. Amici, parenti, colleghi. Tutti.

Risultando il più delle volte antipatico…

Riavvolgendo il nastro, ricorderai che ho iniziato a praticare yoga dopo il convincimento di un mio amico.

A mia volta, ho convinto un'amica a fare una lezione di prova, tosta e molto dinamica.

Certo, è venuta perché ci lega una forte amicizia e, dopo le mie insistenze, ha ceduto.

E sai cosa è successo?

Ogni tanto, con la coda dell'occhio, la osservavo, cercando di carpirne le impressioni. È una ragazza frenetica ed energica; difficilmente sta zitta, dichiarando ciò che le passa per la testa.

A fine lezione la stangata! Mi ha (affettuosamente) maledetto, chiosando: "*Daniele, voi siete tutti pazzi! Non azzardarti più a invitarmi per una lezione del genere!*".

Detto, fatto. Però ha provato, ha compreso che questo non avrebbe fatto al caso suo. Ogni tanto capita di tornare sull'accaduto e di riderci sopra…

Al contrario, un amico che ho convinto a provare almeno una volta, non ha più smesso di praticare Yoga. Pur non facendolo più con me per motivi puramente logistici, perché trasferitosi a Roma, si è innamorato di questa disciplina. Proprio come il sottoscritto.

Tutto questo per dirti che una volta, i primi anni, mi lasciavo spesso guidare dall'istinto, anche con le persone a me care.

Col tempo, soprattutto con l'acquisizione dell'esperienza, lascio al desiderio della controparte, se vogliamo al fato – o meglio, al Divino - la possibilità che il lavoro svolto all'interno di queste discipline possa risultare salvifico alla stessa.

Tornando nuovamente – e prometto che non riapro più parentesi! – a quell'ormai fantomatico lunedì…

Userò molto il presente per quest'ultima parte, così da provare a farti immedesimare nella mia persona.

Mentre finisco di gustarmi il gelato, scopro di essermi sporcato. Come del resto sono solito fare; due gocce di cioccolato colate sul mio bel vestito di Armani… Ma lasciamo perdere.

Mi incammino verso la macchina e… Sbam! Mi ritrovo il senzatetto ancora lì, sotto i portici, nello stesso punto in cui l'avevo lasciato.

Sono perplesso perché non so cosa fare, non so come comportarmi.

Vado o non vado? Mi faccio i cazzi miei e tiro avanti, oppure mi fermo e le parlo?

Entro in macchina, faccio per accenderla e… Vaffanculo!

Scendo, prendo 100 euro, stringendole nella mano sinistra, con il pugno ben saldo, in modo che non si vedano.

Non era mia intenzione contribuire dal punto di vista economico, però istintivamente ne sentivo forse il bisogno. Non era mia intenzione fare della carità, semplicemente c'era in me il desiderio di sentire di cosa avesse necessità, di ascoltarla.

Arrivo e, come un treno, inizio a parlare:

"Buonasera! Mi chiamo Daniele, piacere. Nel momento in cui l'ho vista, mi ha ricordato un viso familiare. Posso esserle d'aiuto? Le va di fare due chiacchiere?"

Lei smette di trafugare tra le sue cose, fissandomi con aria risentita, in un mix di preoccupazione e nervosismo.

Non rammento perfettamente la sua espressione facciale, ma ricordo eccome la sua risposta:

"Lei, brutto stronzo, se ne vada!".

Rimango pietrificato, letteralmente. Tutto mi sarei aspettato fuorché una replica del genere.

Non demordo, acquisto ulteriore coraggio e dico:

"Volevo solo sapere se potessi aiutarla in qualche modo. Ho una grande capacità di ascolto, dettata dal lavoro che svolgo. Pensavo di poterle essere un po' d'aiuto, sapere perlomeno di cosa potesse necessitare".

Lei non arretra di un millimetro e ribatte:

"Se non se ne va immediatamente, chiamo i Carabinieri!".

Una botta tremenda, figurativamente parlando. Orecchie basse, giro i tacchi e me ne torno alla macchina, con i soldi in mano. Delusione e tristezza accompagnano il mio breve tragitto.

Una bellissima giornata si era improvvisamente trasformata in una giornata di merda! Per cosa, poi? Per la mia testardaggine e la mia insistenza. D'altronde, però, sono fatto così…

Rientro a casa, salgo dritto in mansarda per riflettere su quanto accaduto.

L'indagine introspettiva, l'esame di coscienza, è una pratica fondamentale che attuo costantemente e che insegno ai miei allievi.

Qual è la lezione che ho imparato? Cosa posso imparare da quello che mi è successo oggi? Domani cosa potrei fare in modo diverso per ottenere un migliore risultato?

Queste sono alcune domande che mi sono posto per comprendere la situazione.

E quel giorno, ahimè, avevo tanto materiale da analizzare.

Ma appena mi siedo sul mio cuscino da meditazione, chiudo gli occhi e scoppio a piangere.

Come un bambino che ha preso tante mazzate. E, se mi fermo a pensarci un attimo, è ciò che mi è successo.

Ho preso una grossa bastonata. Ovviamente non fisica, ma a quella parte del mio "io" ancora fragile; a quel lato infantile che ancora non aveva compreso il fatto che il desiderio di cambiare il mondo non fosse affar suo.

E sì, ho imparato una lezione: ci sono cose che, pur volendo, non dipendono da te. A questo mondo, accadono fatti di cui non si ha potere di vita o di morte.

In ognuno di noi, potrebbe essere presente un tratto del nostro ego desideroso di cambiare gli altri. La voglia, a tutti i costi, di rendere una persona diversa da quella che in realtà è.

Con ciò cosa voglio dire? Che non dobbiamo fare del nostro meglio per provare a cambiare le cose?

Assolutamente no!

Diciamocela tutta: con molta probabilità, rifarei tutto quello che ho fatto. Andrei nuovamente da quella donna.

Cambierei forse approccio, ma se il mio cuore mi dice di fare quella cosa… io la faccio.

A cambiare, oggi, sarebbe la mia reazione. Non soffrirei più in quella maniera, non scoppierei più a piangere come un infante.

Proprio perché la storia del Barbone mi ha insegnato questa grande lezione. Magari potrà apparire ai tuoi occhi banale, sempliciotta; ma personalmente è divenuta una lezione di vita:

Quella di non considerarmi responsabile per tutto ciò che accade attorno a me.

Nulla mi evita di poterci provare, eh. Ma devo accettare anche un NO. Dobbiamo accettare tutti noi un no.

Dobbiamo rispettare il fatto che non tutti sono pronti a fare un percorso di crescita autentico come quello dello Yoga Autentico.

Banalmente: ad eccezione di rari geni, dalla scuola elementare non si passa direttamente all'università.

C'è un percorso di crescita che bisogna rispettare, come normale che sia.

Si assimila poco alla volta, c'è chi lo fa a ritmi sostenuti e chi no. Ma tutti viaggiano step by step, un passo per volta.

Per questo motivo, dobbiamo rispettare anche quello che è il destino degli altri.

Dobbiamo contribuire a rendere migliori noi stessi, in primis.

Poi, eventualmente, gli altri. Dapprima gli affetti, le persone a noi care, quelle che chiedono un personale supporto alla loro condizione.

Per questo motivo, ho fatto dipingere nel mio ufficio questa massima del Mahatma Ghandi:

Sono le azioni che contano.

I nostri pensieri, per quanto buoni possano essere, sono perle false fin tanto che non vengono trasformati in azioni.

Sii il cambiamento che vuoi vedere nel mondo.

Quindi da quel giorno ho iniziato a farmi i cazzi miei? Non ho più invitato nessuno a fare Yoga? Sono passato con la macchina sopra la testa di un Senzatetto?

No, ovviamente. Da quel lunedì è però cambiata la mia consapevolezza di voler aiutare gli altri.

Lo continuo a fare; anzi, forse ora in modo ancora più dirompente di prima. Ma lo faccio in maniera intelligente e consapevole. Lo faccio con razionalità e coscienza.

Caratteri, questi, che mi hanno condotto all'apertura di una scuola (sì, scuola, non palestra! Se la chiamate così, siete banditi da qualsiasi lezione ☺) di Yoga, Authentic Yoga; alla scrittura di un libro, questo libro… Sono maniere, queste, con le quali cerco di dispensare il mio contributo.

Non lo faccio per dimostrare niente a nessuno, ma perché sento che è la cosa giusta da fare. Pur rispettando i no, sono consapevole di non soffrirne più.

Il mio bambino interiore ha capito che non ricevere il giocattolo, a volte, è solo che un bene.

Parlo di Marketing Etico: continuo a dare fiato alle mie corde, cercando di raggiungere il maggior numero di persone. E sto apprezzandone i risultati.

Pur donando il giusto peso ai risultati, vado dritto per la mia strada quando ho la certezza che l'azione viaggi sui binari della correttezza, senza aver timore delle possibili conseguenze. La paura del giudizio è limitante. Blocca le nostre idee, le nostre azioni.

Quelle che contano, che possono cambiare la vita stessa.

Ne parlerò ora, all'interno del capitolo nel quale ti spiego come ho compreso e superato la paura del giudizio.

Essere Me Stesso
Come Ho Superato la Paura del Giudizio Diventando Imprenditore e Alcuni Dicono... Scrittore!

P.S. Un Ringraziamento Particolare a Sîrcâsana sulla Spiaggia (e ai Tremendi Bambini...)

La paura. Maledetta ed infame.

Una breve parola, portatrice però di significati profondi. Complessa, a suo modo; fragile e banale, quando si è in grado di superarla.

La paura è così, per certi versi nefasta nemica dell'uomo. Per altri, potente antidoto contro la sufficienza e l'eccessiva sicurezza in sé stessi.

È però maledetta, la paura; capace di impossessarsi di momenti di vita quotidiana; sentimento spietato, che può avvalersi della nostra debolezza, in un dato frangente, per costringerci spalle al muro.

Sì, un muro di rimpianti...

"Daniele, vuoi davvero che finisca così?". Mi sono chiesto a un certo punto della mia vita.

Perché questo sentimento, ahimè, sembrava poter prendere il sopravvento. Sembrava riuscire a impadronirsi dei miei obiettivi e dei miei sogni, di vita e di carriera.

"Credo che solo una cosa renda impossibile la realizzazione di un sogno: la paura di fallire"

Scriveva Paulo Coelho nel 1995, all'interno de "L'Alchimista".

Una frase, questa, che rimarrà impressa nella mia mente per l'eternità. "La paura di fallire", a cui rispondo con il

"Coraggio di Fallire".

Proprio così: è importante avere il coraggio di fallire. Il coraggio – che significa "cuore a proprio agio" - è consapevolezza.

Coscienza nell'assumersi un rischio, convinzione di dimostrare la parte migliore di noi stessi per il raggiungimento di un traguardo.

E se quella meta non dovesse mai essere raggiunta? Pazienza! Non v'è rimpianto, se abbiamo donato il massimo.

Così ho trasformato la mia esistenza; in questo modo, ho cambiato marcia alle mie giornate. Con il coraggio di limare la paura del fallimento, del giudizio degli altri.

Tremendo, il giudizio degli altri. Così lo ravvisavo; tremendo. Se ripenso a quanto questo avesse prosciugato in negativo la maggior parte delle mie giornate…

Invece no, il coraggio ha preso il sopravvento. Il desiderio di arrivare e dimostrare il mio vero valore ha avuto la meglio, arrivando a pubblicare un mio libro, il primo.

Era il 6 Novembre 2013 quando "*Google Marketing*" ha visto la luce. Pubblicato da Feltrinelli (Apogeo), sviscerava l'arte del Marketing e di tutte le sue gradazione all'interno del motore di ricerca più potente al mondo.

Erano gli anni in cui, spesso, venivo chiamato a insegnare Marketing Online, in particolare quello effettuato su Google.

Ero abbastanza noto nel mio settore perché partecipavo su invito a convegni e seminari di aggiornamento sul tema.

La mia carriera stava andando bene, così come la mia agenzia, in costante crescita, nonostante Milano fosse pieno di agenzie di Marketing e il settore richiedesse assidui aggiornamenti.

Un giorno, una mia amica mi dice: "*Ma Daniele, perché non scrivi un libro? Sai, potrebbe risultare molto utile per la tua carriera. Chiaramente non sarà facile trovare un editore che te lo pubblichi. Ma puoi sempre provarci*".

Smorzo subito il "suo" entusiasmo sottolineandole di non avere né tempo né voglia di metterci impegno per questa cosa.

Odiavo scrivere (ora non ti nascondo che forse qualcosa sta cambiando…). Allo stesso tempo, però, mi dicevo in maniera sarcastica:

"Pensa, Daniele. Potresti regalare il libro alla tua professoressa di Italiano ai tempi delle Superiori, con la quale arrivavi ad un 6 striminzito ogni santa volta…".

Un pensiero che resta lì, senza seguito. Accantonata l'idea del libro, continuo la mia vita tra lavoro, clienti e Yoga.

Il 22 Aprile 2013 arriva però una bomba.

Mi scrive Fed. (di Feltrinelli)…

Nell'immediato sorrido. Poi rido.

Entusiasmo e perplessità sono sentimenti che hanno condizionato quell'istante; la felicità, da una parte, sembrava poter prendere il sopravvento; dall'altra, però, serpeggiava il dubbio di non voler fare questa cosa a tutti i costi.

"Non ho voglia di scrivere un libro!", mi dico. Altrimenti avrei già colto al balzo il consiglio della mia amica.

Le riferisco quanto accaduto. Non ci crede, le sembra strano che Feltrinelli mi abbia contattato così, dal nulla.

"Feltrinelli che ti contatta per un libro così, senza un input esterno? Strano…".

Sinceramente, io non ci vedevo nulla di strano. Ok, sarà anche difficile che Feltrinelli contatti così dal nulla, ma non mi è parsa una faccenda così illusoria.

Del resto, un editore senza autori come fa a campare?!

Va beh. Con lei ancora incredula, rispondo alla mail e confermo di voler partecipare a un incontro conoscitivo.

Un incontro deciso e determinato, concluso non con un ipotizzabile "a risentirci", bensì con un contratto firmato e una stretta di mano a sigillare il tutto.

Mi ero presentato già con una scaletta e un'idea di fondo ben precise.

Fed. è stata fantastica, aveva subito inquadrato il mio pensiero, confermandone la buona riuscita con l'ok tanto atteso.

A tre mesi dalla firma del contratto, non avevo scritto mezza riga. Eh, d'altronde la voglia di scrivere rasentava il suolo...

Ero consapevole che la pigrizia avrebbe potuto prendere il sopravvento sin dal principio.

Sono sempre stato un po' pigro su certe cose, e la scrittura era uno di quegli ambiti prediletti dalla pigrizia del sottoscritto.

Fed. era premurosa. Con garbo e gentilezza, come solo una donna sa fare, a un certo punto mi ha trasmesso l'energia giusta per iniziare. Da quel momento sono diventato un treno.

Studiavo, comprendevo e analizzavo. I contenuti erano presenti nella mia testa, semplicemente serviva la scintilla per metterli per iscritto.

Ogni mattina, dopo la meditazione, buttavo giù almeno 10 pagine. Un dovere, cacciatomi in testa dopo la chiacchierata con Fed.

Costi quel che costi, vita o morte: ogni giorno non andavo a letto senza aver raggiunto l'obiettivo minimo prefissatomi.

E in meno di 2 mesi… Ecco pubblicato il mio bel Manuale su come fare Marketing su Google.

P.S. Il libro è ancora attuale, qualora ti interessasse. L'ho scritto affinché fosse un sempreverde, un evergreen, un po' come le canzoni di Morandi e Lucio Dalla.

Ecco come ho valicato quella maledetta paura di fallire. Ciò che è accaduto prima della stesura del libro è ciò che ha comportato un netto cambio nel mio modo di pensare e di agire.

Prima di scrivere, oltre alla pigrizia di cui ho già detto, in me risuonava l'eco di continue seghe mentali sulla possibilità di non riuscire a farcela, di non esserne all'altezza.

Erano tante le domande che brulicavano nella mia testa:

"Cosa penseranno di me i miei colleghi?".

"Qualcuno, più bravo di me, si accorgerà di qualche mia mancanza o di qualche mio errore? ".

"Se l'algoritmo di Google dovesse cambiare prima ancora che pubblichi il libro, rendendolo già vecchio e superato?".

"E se dovessi scrivere delle cazzate?".

Ero scivolato in un cazzo di loop incredibile, a tratti irreversibile. Ansia da prestazione, preoccupazione di sbagliare, di essere deriso.

Insomma:

Paura del Giudizio!

La fottutissima paura di essere giudicato dagli altri.

A tal punto da vedere uno psicologo, e non mi vergogno a scriverlo.

Perché credo che ognuno di noi, in una o più fasi della vita, abbia bisogno di aiuto.

Il vero coraggio sta proprio nel chiedere una mano.

Finiamola davvero di fingerci super eroi. Di pensare di essere invincibili, di poter risolvere tutti i nostri problemi da soli.

Questo atteggiamento non paga.

Paga invece riconoscere che, nel corso della propria esistenza, ricevere un supporto sia la cosa più bella che possa capitare.

Io, in quel momento, avevo bisogno di aiuto.

E vuoi sapere com'è andata?

In due sedute di numero, avevo limato le mie paure grazie all'aiuto di quel bravissimo professionista.

Mi ha fatto semplicemente due sole domande, che però hanno fatto breccia nel mio cuore.

Ore, queste, che hanno portato alla luce alcune consapevolezze.

E sai come ho fatto a mantenere costante quel lavoro? Con degli esercizi che avevo sviluppato proprio per osservare questa mia paura…

… Fottendomene!

Proprio così, fregandomene altamente! Ho iniziato a ripetermi: "Qualcuno giudicherà anche in negativo il mio operato? Benissimo, significherà che avrò comunque catturato la sua attenzione".

Il libro è uscito a novembre, ma a luglio la prima bozza era già conclusa. Grazie anche alla pratica di Yoga, intensa e costante come mai in quel periodo.

Mi stavo allenando con Sîrcâsana, la posizione sulla testa; chiamato il "Re", il "Padre" degli Asana grazie agli effetti benefici che è capace di elargire.

Mi piace mettermi a testa in giù.

C'è un'inversione di prospettiva: la paura di cadere, di farsi del male, di spaccarsi persino l'osso del collo.

È una posizione che tendo a insegnare sin da subito nelle mie classi, anche ai principianti. Supervisionandone a dovere la pratica e, chiaramente, limitandone l'uso in presenza di importanti problemi fisici, preesistenti.

Cosa c'entra questa posizione con la paura del giudizio?

Aver padronanza di una posizione del genere consente subito di conoscere la paura. La paura inconscia, quella capace di condizionarti in negativo.

Molti dei miei allievi, una volta padroneggiata, hanno aumentato la propria autostima, divenendo più sicuri di sé stessi.

Questo perché, sotto la mia supervisione – utile a donare sicurezza iniziale - l'allievo comprende di potercela fare.

Si, l'aiuto dell'insegnante è fondamentale per poter progredire, in sicurezza, con una certa rapidità.

Se puoi stare mezz'ora a testa in giù, puoi arrivare a fare ben altro.

Devi sapere che c'è stato un momento esatto in cui ho smesso di aver paura del giudizio degli altri. Quest'ultimo, da quel momento, si è dileguato...

Ricordo ancora, al mare in Puglia, sotto l'ombrellone: stavo leggendo Yogananda e, a un certo punto, mi passa questa idea nella testa:

Vedevo un sacco di bambini che cazzeggiavano, facevano un casino incredibile, rotolando nella sabbia e prendendosi costantemente a sberloni tra loro.

Allora dico a me stesso:

Oggi la Mia Paura del Giudizio Finirà e questi Bambini mi daranno una mano.

E come? Te lo spiego subito…

Sposto il mio asciugamano al sole. Entro in Sîrcâsana e… Tac! Sono già a testa in giù!

In realtà c'era un sacco di gente, oltre a quei bambini.

Chiudo gli occhi, faccio riposare la mente, spostando l'attenzione dentro di me.

In men che non si dica, comincio a sentire delle voci che si avvicinano sempre più al mio udito.

I bambini erano attratti da me, come fossi Babbo Natale in procinto di elargire loro dei doni.

Sento degli schiamazzi, accompagnati da ulteriori strani rumori. Non capivo cosa stesse accadendo in quel frangente, poiché stavo osservando il mio stato interiore.

Il mio intento era chiaro: lavorare sulla vergogna, sul giudizio; non certo per fare il figo in spiaggia…

Aumentano le voci che fanno eco accanto a me, prendono corpo commenti di ogni tipo.

Sento una ragazza dire: *"Guarda quello! Eh, un ottimo modo per prendere il sole al culo…"*.

Dentro di me, mi scompiscio dalle risate.

Ma io rimango lì, al mio posto. Continuo a osservare quello che accade nella mia interiorità; quello che traspare dalle mie emozioni.

Non nego che per un momento ho pensato di mollare la presa... Sembrava che imbarazzo e vergogna potessero palesarsi.

Ma prendo coraggio, così come accaduto con il Barbone.

Rimango lì, monitorando costantemente i miei stati d'animo.

Questa onda di emozioni che va e viene. Torno ad essere calmo; i bambini spariscono; come logico che sia, come ogni gioco che ai loro occhi è divenuto noioso. Le persone, dopo il giudizio iniziale, tornano a fare quello che facevano prima.

Lo spettacolo era terminato. Ed era diventato anche noioso (per loro), perché io ero sempre lì, da oltre 20 minuti...

Ora c'è silenzio intorno a me. Mi godo la mia pace. Scendo ed entro in Balasana, che è la posizione del Bambino Felice.

Ed era proprio come mi sentivo: un bambino. Contento per aver compiuto un passaggio evolutivo così importante.

Ero consapevole che quella "cazzata" di esercizio mi avrebbe aiutato a Essere Autentico, a Essere Me Stesso.

Ad ascoltare la mia interiorità, senza essere giudicato dalla mia mente impaurita da chissà cosa e senza essere costantemente "manipolato" dal Giudizio degli altri.

Ed è questa Autenticità, di cui ognuno di noi è alla ricerca. E questa Autenticità può essere esternata solo lavorando alle proprie Paure; paure che vanno ascoltate, abbracciate e accettate per quello che sono...

Illusioni della Nostra Mente.

Quella mente che si prodiga per proteggerci a ogni costo, anche quando non v'è alcun pericolo all'esterno.

Un po' come un bambino non libero di giocare al pallone, pur desiderandolo con tutto sé stesso.

Il nostro Essere, che brama solo questo: esprimersi, creare ed evolvere. Questa prova, questa sfida, è stata fondamentale. Sono consapevole che, se non avessi superato questa paura, oggi non sarei quello che sono.

Non avrei creato un'azienda, non avrei scritto questo libro, non avrei creato Authentic Yoga, non ci sarebbe un'accademia con programmi innovativi che tanto stanno donando al mondo del lavoro in Italia (e presto anche all'estero).

Amico/a, non avere timore di guardare le tue paure fino in fondo: vai in profondità, fatti aiutare, vieni a fare Yoga e lasciati guidare.

Arriverà il momento in cui ti farai una grossa risata quando ripenserai alle vecchie paure passate che sei riuscito ad ascoltare, ad accettarle per quello che sono, ovvero illusioni della mente, per poi lasciarle completamente andare.

Ora vorrei parlarti di come…

Essere Sé Stessi per Andare Oltre sé Stessi (Parte 1/2)

Oltre le Proprie Credenze, le Proprie Convinzioni, i Propri Schemi Mentali e i Propri Blocchi Emotivi. Oltre il Karma, Coltiviamo il Coraggio di Ascoltarci e, a volte, di Osare!

Sono le azioni che Contano.

Le parole hanno certamente un loro peso. Sanno "ferire" anche più della lama di un coltello…

In certe circostanze, però, senza un'azione che le accompagni, che doni loro autenticità e spessore, le parole sono portate via dal vento.

Per Essere Sé Stessi, dunque, dobbiamo osservare fino in fondo le nostre paure.

Non possiamo far finta di non vederle. Non ha senso nasconderle sotto il tappeto. Prima o poi riaffiorano, presentandoci un conto aperto e salatissimo…

Possiamo esprimerci con il nostro massimo potenziale, solo imparando ad ascoltarci, accettando le nostre fragilità.

Un altro motivo, questo, per cui mi sono innamorato dello Yoga e della Meditazione Autentica.

Senza il dono dispensatomi dalle pratiche autentiche, sarei solo una perla falsa, come tante, che sopravvivono a una misera esistenza, senza alcuno scopo nella vita.

Il mio invito è semplice:

Cominciare con delle Azioni, capaci di manifestarsi ai tuoi occhi mediante una pratica autentica.

Ha funzionato con me. Perché non dovrebbe funzionare anche con te?

Lo Yoga Autentico è una Scienza. La Scienza dell'Anima, come la definiscono i grandi maestri. E, come scienza, ha la peculiarità di funzionare con tutti, indipendentemente dal livello da cui parti.

Come scienza, ovviamente, può fornire risultati più o meno veloci a seconda dell'individuo.

Solo per il fatto di esser giunto a leggere sino a qui, ti voglio ringraziare.

La mia speranza è che queste parole, originate dalla parte mia più autentica e genuina, possano giungere anche a te.

Trasmetterti qualcosa, che sia un brivido di pura e mera curiosità, oppure addirittura strapparti un sorriso.

Magari anche averti fatto scattare una molla… La molla del "Perché non provare a prendere come esempio queste parole e tramutarle in azioni?".

Ed è il mio auspicio. Il desiderio che le mie parole, pur scontate che possano essere per alcuni, abbiano la capacità di stimolare delle azioni, anche minime, ma concrete. Che ti portino a praticare lo Yoga Autentico oppure qualsiasi altra pratica di crescita.

Ricorda: qualsiasi cosa tu faccia, è sempre meglio che restare fermo, in attesa che dall'alto arrivi la "botta di culo".

Non aspettare.

Fai qualcosa.

Fallo adesso.

Potrebbe essere un vero peccato sprecare questa vita, unica e speciale, non credi?

E non intendo dire di non concedersi momenti di svago e mero divertimento, attenzione!

Intendo dire di cogliere l'attimo. Ma cogliere l'attimo non significa attendere che scenda la Dea Bendata dal cielo. Intendo dire che è ora di alzarsi e correre incontro al proprio destino, creandolo tu stesso.

Non aver PAURA DI SBAGLIARE!

La paura di sbagliare immobilizza. Limita ogni possibile raggio d'azione.

La paura è un sentimento nefasto, che ostacola la visione nei confronti della vita.

Mettere da parte la paura di sbagliare vuol anche dire andare oltre alle proprie convinzioni, a credenze limitanti e prive di basi su cui poggia la strada da percorrere per un futuro di luce e speranza.

La paura non consente di mettersi in azione. Le azioni contano, l'ho scritto in precedenza.

È come se ciò che mettiamo in pratica, ciò che dimostriamo in una determinata azione, immortalasse un nostro pensiero. Il nostro modo di ipotizzare quella data azione.

A contare, però, è solo l'azione. Il "SE", inteso come *se faccio questo, succede quello… Se non faccio questo, succede altro ancora*, non conta, rimane vago ricordo di ciò che avresti potuto fare… E non hai fatto!

Elimina il SE dalla tua vita. Non puoi prevedere tutti i possibili casi.

La mappa non è il territorio. Calcola bene le possibilità, e poi agisci. Non hai elementi per valutare le possibilità? Agisci comunque! In modo da non aver rimpianti.

"Se solo lo avessi fatto…".

Sii te stesso, supera gli ostacoli che non ti consentono di Essere Te Stesso con l'azione, fallo fino in fondo. Non aspettare che il mondo cambi, sii tu il cambiamento che vuoi vedere nel mondo. Fai quello che devi fare, senza aver paura di sbagliare. Sbagliare ti permette di fare esperienza, senza commettere più lo stesso errore.

Ma fallo ora, non aspettare. Il momento migliore è sempre e solo Ora, Adesso. Pianifica, usa la tua mente in modo intelligente, e poi agisci. Senza cliché e luoghi comuni; senza stereotipi.

E a proposito di Stereotipi…

Lo Stereotipo dello YOGI "Perfetto"

(Alias: Quando ti Senti FIGO, ma Ancora non Hai Capito un Caxxo sullo Yoga... E lo dico con Amore)

"Daniele, si dice Yogi non Yoghi!".

"Eccallà – per dirla alla romana – apro bocca e taaaccc …".

"Cazziatone" magistrale durante la mia lezione di Harmonium e Kirtan (per chi non lo conoscesse, l'Harmonium è quello strumento musicale indiano che serve ad accompagnare i vari Mantra).

(E ora che rileggo questa parte mi viene da ridere, perché ho appena notato alcune "cazziate" anche su alcuni miei video su Youtube per lo stesso motivo!).

Laura (nome di fantasia), la mia insegnate di Harmonium e di Canto, è molto precisa. Molto pignola.

È proprio l'opposto di me. Ha una pazienza incredibile e la ringrazio perché mi ha fatto davvero innamorare di questa branca dello Yoga.

È una bravissima insegnante di Yoga; studiosa di musica, di Nada Yoga e di tante altre pratiche suggestive e all'avanguardia.

Possiede un tasso di sopportazione molto elevato, per non avermi già mandato a quel paese...

Penso (e spero!) di aver varcato la soglia della salvezza. Mi sopporta da tanto tempo oramai, ed è grazie a lei che oggi posso dire di sapere anche suonare e cantare.

Sia chiaro, sono ancora ai primordi, ce n'è di strada da fare per migliorare.

Quando mi dice: *"Daniele, migliori sempre più. Continua così!"* mi inorgoglisce.

E io nutro molta fiducia in lei.

Mi viene persino da ridere quando mi osservo suonare e cantare i mantra: una di quelle cose, come diventare insegnante di Yoga, che mai avrei pensato potessero entrare nella mia vita.

Ma tant'è! Il danno è fatto... E ne sono ben felice.

Ora veniamo a noi...

Sono le 2:00 di notte, quando decido di scrivere queste righe. Se stai pensando che questa non sia l'ora migliore per mettermi a scrivere di un argomento così profondo e dettagliato come questo, beh... Hai perfettamente ragione!

Ma io sono così, quando scatta la vena creativa non resisto e ne approfitto.

E questa è un'altra di quelle notti in cui la vena creativa si è palesata poco prima di lasciarmi cadere tra le braccia di Morfeo.

E forse, diciamocela tutta, è anche un po' colpa mia… me la sono cercata…

Mannaggia a me quando ho deciso di mangiarmi la seconda piadina di serata!

Ma non ha importanza. Il dado è tratto, avrebbe detto qualcuno…

A proposito di stereotipo, tornando a noi e al titolo:

In questo capitolo, vorrei fare una volta per tutte chiarezza. Almeno ci provo, perché c'è molta confusione su cosa sia realmente lo Yoga.

Tanti pensano che lo Yoga sia una ginnastica fisica, e che per essere uno Yogi si debbano rispettare alcuni canoni, come vestirti da santone indiano, avere la barba e i capelli lunghi, indossare collane sgargianti.

Ma vorrei farti ragionare e per fare questo comincio con il farti alcune domande:

- ✓ Cosa significa per te essere uno Yogi?
- ✓ Esiste uno Yogi Perfetto?
- ✓ Che cos'è la Perfezione?

Rispondi sinceramente e mentalmente, senza dare troppo peso alla risposta stessa.

Comincio evidenziando come il termine Yogi identifichi quella persona che pratica Yoga.

È l'equivalente di definire Ingegnere colui che si è laureato in ingegneria.

È un individuo che ha deciso di praticare seriamente e di utilizzare uno strumento efficace quanto affascinante: lo Yoga, appunto.

Uno Yogi è la persona che pratica Yoga.

Passiamo invece alla Perfezione.

Ti è mai capitato di dire che vuoi fare quella particolare cosa in modo "perfetto"? Ad esempio, sei sul tappetino di Yoga e vuoi chiudere quella particolare posizione a tutti i costi, la vuoi fare nel modo migliore possibile, alla perfezione…

Sarò diretto e schietto: non esiste la Perfezione in modo assoluto.

La Perfezione è un'illusione della nostra mente.

Sia chiaro: non è un male. Anzi, la perfezione può essere uno stimolo a migliorare i dettagli che compongono la nostra vita.

Sempre nello Yoga, aspirare alla perfezione in una determinata posizione ha un senso, perché in qualche modo ci "spinge" a praticare.

Ma la perfezione diviene un problema quando assume le sembianze di "un'ossessione".

Nel mio lavoro, vedo migliaia di studentesse di estetica che sono letteralmente bloccate da questa paranoia della mente. Non cominciano a lavorare, perché non si sentono "perfette" nell'eseguire quel particolare trattamento.

Ma ti dirò una cosa: per migliorare e arrivare a quella perfezione il segreto è uno solo: fare!

Quello che noi in realtà possiamo (e dobbiamo!) fare è continuare a lavorare per migliorare costantemente quello che già facciamo.

Perché la verità è che…

Non esiste perfezione nella persona, ma esiste la Perfezione dell'Essere.

Siamo già Esseri Perfetti, il problema è che non ne siamo consapevoli.

Confondiamo la perfezione con il fatto di sapere dire o saper fare benissimo qualcosa.

Questo è un retaggio della nostra cultura, della nostra scuola: ci hanno insegnato sin da piccoli che dobbiamo essere "perfetti"; dobbiamo essere bravi in tutte le materie; dobbiamo dimostrare di essere superiori agli altri, di diventare più bravi degli altri.

Di essere i più bravi, in tutto. Di essere i migliori. Di vincere le sfide e tutte le varie competizioni, altrimenti non si è nessuno.

In questo, ovviamente, i media ci sguazzano con tutti i programmi "spazzatura" che ci sono oggi in tv, che non nomino per evitare di prendermi una querela. Ma tu sai già a cosa mi riferisco…

Ci dev'essere sempre un Numero 1. Ci dev'essere sempre una giuria che vota qualcun altro. Ci devono essere sempre vincitori e sconfitti.

E questo modo di fare penetra nel nostro DNA. Diventiamo sempre più competitivi, aggressivi, con quell'ambizione che ci acceca, che punta solo all'obiettivo finale: Vincere a Tutti i Costi!

Per questo motivo veniamo costantemente giudicati: dall'esterno come dalla scuola, che ci assegna un voto, che ci obbliga a dover superare un esame…

Ma il giudizio sicuramente più devastante è quello interiore: ci sentiamo inferiori se un nostro amico ha successo in quello che fa; ci colpevolizziamo se non prendiamo un bel voto; ci sentiamo delle merde se non riceviamo quella determinata promozione al lavoro.

Uomini e donne inseguono quell'idea di perfezione inculcata loro già dai tempi della scuola. Quell'idea instillata nel cervello in età infantile.

Una trappola infernale, mi verrebbe da dire.

Ti faccio un esempio:

Quando ho fatto il Teachers Training di Yoga, prima che finissi il 2° Anno e prima di dare l'esame, ho cominciato a insegnare Yoga.

Non avevo ancora la "certificazione" di insegnante, non avevo l'attestato, non sapevo nemmeno se fossi stato in grado di percorrere una strada di questo tipo.

Ma quando mi si è aperta questa possibilità, non ci ho pensato un attimo. E mi ci sono tuffato a capofitto.

Personalmente, l'esame per diventare insegnante è stata una prova di forza e di coraggio immane. Attribuivo davvero molta importanza a questo esame; non tanto per l'esame in sé, ma per il significato che accompagnava l'intero percorso.

E proprio per questo ho preso la decisione di insegnare, perché conscio che il vero "teacher training" sarebbe iniziato nel momento stesso in cui mi sarei messo in gioco, nel momento in cui avrei iniziato a insegnare.

Ero tutto tranne che perfetto. Non mi ricordavo la sequenza a memoria; non sapevo i nomi in sanscrito delle posizioni; e avevo ancora innumerevoli dubbi.

Ma possedevo coraggio. Caspita se ne possedevo! Sapevo che potevo condurre una classe perché, oltre a praticare Yoga da oltre 10 anni, ho sempre studiato sodo, aggiornandomi di continuo.

E chi se ne frega dei nomi delle posizioni!

Appena dopo aver aperto le porte all'ipotesi di dedicarmi all'insegnamento, mi si è presentata subito questa possibilità.

La legge di attrazione funziona in modo incredibile in questi casi, a maggior ragione quando ci si presenta con una mentalità aperta.

Una mia collega di corso mi scrive per dirmi che era alla ricerca di un insegnante.

Faccio il colloquio.

Non avevo curriculum con me, nemmeno attestati di corsi o esperienze particolari nel suddetto campo.

Il mio cv non avrebbe avuto nulla a che fare con lo Yoga, cosa avrei dovuto scrivere?

Sono stato "giustamente" testato. Ho fatto una lezione di prova al responsabile, a cui sono piaciuto all'istante. Il giorno dopo, ero in classe a insegnare.

Il filo conduttore del mio insegnamento è lineare e semplice:

Pratica, tanta pratica sul campo. Sbagliare, imparare dai propri errori e perfezionare le proprie abilità.

Mi sono buttato nella mischia. Ho osato, commesso errori e, da testardo quale sono, non ho mai mollato la presa.

Tutto questo mi ha portato al raggiungimento dei miei obiettivi oggi, definendone di nuovi nel futuro prossimo. Anche per i miei studenti.

Ah, i miei studenti!

Ricordo ancora le facce dei primi allievi sotto le mie grinfie...

Per la verità, li ricordo sempre tutti, con estremo piacere. Perché ognuno di loro ha saputo donarmi, con un piccolo gesto, un'emozione che rimarrà impressa nella mia memoria.

Non insegno per meri scopi materiali. Anche perché, se devo propria dirla tutta, campare con lo Yoga, beh... non è proprio facile, eh!

No, insegno per le emozioni che i miei allievi sanno trasmettermi. Scorgere sui loro volti un'energia e una determinazione diversa un mese dopo aver iniziato a praticare, mi dona una carica senza precedenti.

Sentirli dire, dopo un intero Corso di Meditazione Autentica, di aver acquisito una pace interiore tale da consentir loro di stare bene, di vivere la quotidianità con più serenità, gratifica più del denaro.

Ma perché ti sto appioppando tutto questo segone mentale? Cosa c'entra con lo Yogi Perfetto?

C'entra, c'entra… La realtà dei fatti è che, come non esiste la Perfezione, non esiste nemmeno lo Yogi Perfetto.

Proprio oggi una mia allieva mi ha detto: "*Sai, Daniele, chi fa Kundalini Yoga si veste di bianco per una precisa ragione, ossia per aiutare l'energia a circolare meglio*".

C'è chi si fa crescere barba e capelli alla Gesù Cristo di Nazareth. C'è poi chi indossa le più disparate collane; così come anelli e altri accessori, strambi o meno che siano.

Ma gli Yogi perfetti, quelli migliori, sono quelli di cui ti parlerò nel capitolo "Il Porno Yoga NON è Yoga".

[A questo punto, sto riflettendo proprio sul titolo. Non sono convinto di usare il termine "Porno". Forse vado dritto al punto con "Tette" e "Culi"? Va beh… lo scoprirai nelle pagine successive].

Esiste persino chi desidera raggiungere la decima serie dell'Ashtanga Yoga per divenire perfetto.

Oppure chi si crede superiore per il solo fatto di essere Vegano Crudista. Per pura moda, eh; perché dentro di sé sbranerebbe una Vacca Santa di Rishikesk.

Ognuno alla propria maniera, anche buffa e simpatica…

Ritorno serio, sottolineandoti come il mio intento, seppur ironico, sia quello di smascherare i "falsi" schemi mentali che affliggono ognuno di noi in questo bellissimo percorso all'illuminazione, alla scoperta di Sé Stessi.

Stiamo rincoglionendo per apparire In un certo modo; per mostrarci con una maschera, vestendoci di bianco pur non essendo pacificatori o santi; facendo crescere la barba e i capelli per apparire come nuovi salvatori…

Di "sto cazzo"! Perdonate il francesismo…

La vera perfezione è una, e solo questa:

Quella della Nostra Essenza, del nostro Sé Autentico, del Nostro Essere, della Nostra Anima.

Un'anima che non necessita di essere perfetta, perché lo è già.

La Perfezione dell'Anima, esattamente. È ciò a cui dobbiamo aspirare, prendendone consapevolezza il prima possibile.

Ed è qui che entra in gioco lo Yoga Autentico: posso praticare Yoga, posso fare le Asana, posso essere un Meditante e posso persino essere Vegano o Vegetariano.

Ma posso anche NON esserlo, aggiungendo ogni tanto una bella bevuta in compagnia.

E che c'è di male? Niente, per l'appunto. Perché se consapevole, in assenza di ossessioni, vizi e dipendenze, il problema non sussiste.

Non c'è un Dio cattivo che ti punirà per il sol fatto di aver mangiato una bistecca, peraltro cucinata con tanto amore dalla nonna.

Sarebbe una violenza a te stesso, una costrizione accompagnata dal dispiacere compiuto ai danni della povera nonna.

Sai chi ti sta raccontando tutto ciò? Colui che per un certo periodo ha seguito una dieta vegana, senza glutine. Un uomo astemio, che ha praticato anche lunghi digiuni, sperimentando alimenti e stili di vita variegati.

Ti parlo quindi per esperienza diretta; te ne parlo con cognizione di causa.

Ma tu sei libero di non credere a niente di ciò di cui scrivo; anzi, ignora quello che hai letto e fatti giustamente le tue esperienze.

Se la tua dieta perfetta, la tua dieta perfetta in veste di Yogi, è quella Vegetariana, allora Dio ti benedica!

Ma non fare il guastafeste! Non rompere le scatole a chi non dovesse seguire le tue abitudini! Osservati, mentre stai per rompere i coglioni a un tuo amico intento a mangiarsi una cotoletta alla milanese…

Questo significa che il tuo senso dell'io, il tuo Ego, ti porta a considerarti superiore agli altri. Tu sei vegetariano, sei alla moda, sei rispettoso. Il tuo amico no, è uno sfigato.

Sarà anche così, eh, ma questo non ti dà l'autorità di decidere per gli altri. (Ricordi la storia del Barbone? Tu non puoi farci niente, al massimo puoi solo provarci…).

Nelle 7 Emozioni Universali, lo si definisce con il termine Disprezzo. Nel mondo Yoga, diviene una forma di Ego.

"Quindi, caro Daniele, con tutta questa pappardella dove vuoi arrivare?".

Da nessuna parte, come sempre! Ma spero di averti fatto riflettere su questo fatto:

La Perfezione, quella declinata dalla società, NON Esiste.

Liberati una volta per tutte da questo schema mentale, da questo condizionamento.

Ci sarà sempre qualcuno migliore di te, più bravo nel lavoro, più flessibile nelle Asana, che medita 8 ore al giorno, più bello e più ricco di te.

Datti pace!

E questo dev'essere uno stimolo per continuare a praticare Yoga, a studiare, a meditare, implementando ogni ambito della nostra vita.

Scaccia questo schema dalla tua testa, affinché la sindrome da perfezione non ti blocchi.

Affinché questo non diventi un ostacolo all''ostentazione, guadagnando terreno nella tua testa, a mo' di tarlo che non ti consente di fare una cosa finché la consapevolezza di farla perfettamente non prenda il sopravvento.

Il compianto Dalai Lama diceva…

"Se vuoi cambiare il mondo, prova prima a migliorare e a trasformare te stesso".

Apparirà banale o scontata, una frase trita e ritrita... Ma intramontabile, come le emozioni e i gesti che lui stesso, lungo l'arco della sua esistenza, ha saputo tramandarci.

Innegabile il pensiero di eguagliarlo, persino di avvicinarlo; salvifica, invece, l'idea di prendere spunto - rendendole pratica – dalle sue parole.

Molto bene. E ora a noi...

Sì dico a te, "pervertito" e assuefatto dal Porno Yoga! Gira pagina e vediamo, una volta per tutte, di cosa tratta (in realtà!) questa fantomatica moda...

P.S. Non avrei voluto scriverlo ma, alla fine, sono stato contento di averlo fatto.

Il Porno Yoga... NON è Yoga!

Lo Yoga delle Tette e dei Culi!

Lo Yoga delle tette e dei culi… Sì, l'ho scritto davvero alla fine. D'altronde è gergo comune, linguaggio a cui siamo oramai abituati, non vedo perché debba per forza sostituirli con "Seni" e "Fondoschiena".

"Porno Yoga": così non va, così è accostare due termini capaci di attirare click e views.

Non lo sto giustificando, non sto dicendo di considerarlo appropriato o meno. Sto semplicemente evidenziando un dato di fatto.

Ad ogni modo, questi dettagli fisici sommergono costantemente la nostra quotidianità.

Ah no? Non te ne sei accorto? Vai su Instagram e cerca "Yoga".

(Non parlo di YouPorn o PornHub, per i quali è lecito desiderare di vedere cose di questo tipo… Ehi, so già dove stai andando… ma ho detto Instagram!).

Cercato, digitato? Bene. Quali sono le immagini che emergono sin da subito, ai primi posti?

Vedi un po'... E sbam!

Sorpresa! Una miriade di foto di seminudo, con passere, culi (maschili o femminili, poco cambia) e tette spiaccicati per bene sulla fotocamera. In mostra grazie a pose più o meno disparate.

Elasticità a gogo al solo scopo di soffermare lo sguardo del visitatore su di esse.

Eccheccazzo! Qual è il senso e il fine ultimo di tutto ciò? Oltre al fatto di "denigrare" una disciplina antica e lungimirante come quella dello Yoga.

Attenzione! La mia non è una critica, ma un dato di fatto. Una realtà bella e buona.

Preciso: oltre ad essere un uomo, il mio settore lavorativo è quello dell'estetica. Ammiro quindi la bellezza, eccome.

Mi soffermo molto su di un bel dettaglio, su di un affascinante ricamo, su di una suggestione visiva, anche appariscente.

L'occhio vuole la sua parte, è bene sottolinearlo.

Dio ha creato opere d'arti; l'uomo stesso ha creato opere d'arti, facendo brillare gli occhi di coloro che le possono ammirare: i Bronzi di Riace, il David di Donatello…

Una cosa bella, come ad esempio il corpo umano, emana un fascino tutto suo, se vogliamo anche oggettivo. Lasciando chiaramente al soggetto stesso la possibilità di giudicarlo bello o meno bello.

Ma usufruire del nudo, delle proprie curve, per una becera tecnica di Marketing, lascia il tempo che trova, soprattutto per l'argomento così ampio e vasto come quello relativo allo Yoga.

Non sono incazzato, sia ben chiaro. Sono dell'idea che ognuno debba essere libero di fare come meglio crede.

Libero di prendere decisioni che ritiene più opportune per il proprio business, nonché per la stessa vita.

Ma è altrettanto intelligente mettere in conto di poter ricevere delle critiche, in particolare quando si utilizza una disciplina, per il solo scopo di sfruttarne il nome.

Perdona la digressione, ma la ritenevo doverosa.

Ho riflettuto parecchio su questa tematica, confrontandomi con Esperti, Amici e Maestri.

Ora rifletti con me…

Perché pratichi Yoga? Se sei già un bell'uomo o una bella donna, con molta probabilità le Asana esalteranno sempre di più questa tua bellezza.

E questo ci sta. E sono anche dell'idea che quando "La Gallina Canta vuol Dire che Ha fatto Le Uova".

Se le gallina non cantasse, non potresti sapere della presenza delle uova...

Quindi non sono contrario al mostrarsi in pubblico. Inoltre, se hai delle abilità particolari, come quella di saper fare delle posizioni importanti, sono convinto che la tua abilità possa divenire stimolo per tutti coloro che si stanno affacciando per la prima volta allo Yoga.

Ma sii onesto con te stesso.

Se il mezzo diventa il fine – ossia, se fai yoga per avere un fisico perfetto e diventare influencer su Instagram - allora stai ben attento.

Quella è una forma di dipendenza, di "finta perfezione" che non ti sta aiutando.

Ti stai creando invece la tua gabbia, la tua prigione che saprà condannarti… Il fatto di dover sempre essere perfetto per i tuoi follower.

Ma, come scritto in precedenza, il fine dello Yoga è sì la Perfezione, ma quella dell'Essere, ovvero della tua interiorità, della Tuo Essere.

La perfezione Esterna, quella relativa all'aspetto stilistico del tuo corpo, è mutevole. Sai benissimo che comunque invecchierai e che il tuo corpo fisico, prima o poi, diventerà nuovamente cenere.

Quindi va bene prendersene cura; va bene "utilizzarlo" per il marketing; va altrettanto bene avere la soddisfazione di saper eseguire nel migliore dei modi posizioni complesse se questo è davvero ciò che vuoi… … Ma fai attenzione!

Fai attenzione a non rimanere intrappolato in questo schema mentale, perché i tuoi seguaci pretenderanno sempre di più da te. Ti costringeranno, anche involontariamente, ad andare oltre i limiti.

E no, non sto parlando di valicare limiti per giungere a importanti obiettivi. Sto parlando di quei limiti oltre i quali il corpo fisico non può assolutamente andare.

E tu, se non avrai superato quella paura del giudizio (vedi capitolo precedente), allora continuerai a inseguire quel finto successo che è dato dal dimostrare quanto sei "figo" e "bravo" nello Yoga.

E questo discorso può essere benissimo esteso a tutti gli ambiti della tua vita.

La mia speranza, al di là dell'ironia con la quale ho voluto introdurre il capitolo, è che ti abbia fatto riflettere su questo aspetto…

Ah, dimenticavo: se pubblichi una bella foto su instagram avvisami…

E seguimi: @danielesalamina.

Ora rilassati, ma sii pronto a "digrignare" i denti, se sensibile alle ossa…

Come Mi Sono Rotto le Ginocchia. I Falsi Maestri e il Maestro Interiore

Come Riempire di Mazzate i Falsi Guru!

Non tutti gli uomini sono uguali. Non tutte le discipline di Yoga lo sono.

Per la proprietà logica – sì, logica! -, non tutti i Maestri sono uguali.

E meno male, aggiungerei…

Di veri Maestri, ahinoi, ce ne sono assai pochi.

Pochi ma buoni, che dici? Lascia che ti racconti…

Quando ho cominciato il mio percorso Yogico, oramai più di un decennio fa, ho avuto la sfortuna di imbattermi in quelli che io chiamo "Falsi Maestri".

Cominciavo a fare Yoga come molti di voi. Dopo aver dato retta al mio socio e aver svolto quell'impagabile ritiro, spinto dalla curiosità ho intrapreso la via dell'Ashtanga Yoga.

Ah, come mi stava prendendo! Conclusa ogni pratica, mi sentivo sempre meglio. Come avessi le farfalle nello stomaco, come stessi vivendo una nuova fase d'innamoramento.

Ogni volta che finivo di praticare, il desiderio primordiale era di tornare a rifarlo il prima possibile.

Pratica dopo pratica, percepivo benefici di una trasformazione sfumata in positivo. Per me lo Yoga, in quel periodo, era uno sforzo sovraumano, a cui tenevo come la mia vita: era sacrificio; era sangue che sgorgava sul tappetino; erano gli insegnamenti "militareschi" dei maestri dell'epoca.

A dirla tutta, il mio vissuto era ancora latente e ignorante, limitato all'attività fisica che svolgevo sul tappetino.

Il mio corpo sputava sudore, come fossi in una sauna, come se non ci fosse un domani. Più sudavo e più mi ritenevo soddisfatto.

O meglio, ad esultare era il mio ego…

Fino a quando… crack! Ginocchio out! Il ginocchio mi ha detto ciao, "arrivederci, Daniele!".

Vatayanasana, la posizione del cavallo…. Il mio "Maestro" voleva che imparassi a farla, a tutti costi.

Non c'è stato il tempo di riflettere sul fatto che le mie ginocchia non fossero ancora pronte. Ha vinto il mio ego, in quel frangente.

Non era da meno quello del "Maestro", accecato dal fatto di poter far fare a un suo allievo, ancora comunque alle prime armi, una disagevole posizione. Dannata posizione…

Un trauma che mi accompagnerà per tutta la vita. Ancora oggi, soffro di questa lesione al menisco.

In verità ti dico… Mi è partito anche l'altro ginocchio, tempo dopo, ma non oso tediarti.

Non è mica un libro di Anatomia…

Si sa, il nostro corpo tende sempre a equilibrare, a rendere simmetrica la condizione del nostro organismo per evitare il dolore. Si chiama Omeostasi, dai un'occhiata online…

Il ginocchio destro, il secondo, è come se mi fosse partito in maniera naturale, senza alcuna particolare causa scatenante, di rottura.

Visita dall'ortopedico e risonanza; ancora dall'ortopedico e ancora risonanza: dopo uno stancante tira e molla, il consiglio era solo quello di operarmi.

Ma non l'ho fatto.

Ho deciso di continuare a praticare; ho cambiato scuola di yoga, trovando un nuovo Maestro.

Un nuovo Maestro, serio, capace di insegnare le fondamenta genuine dello Yoga. Di una scienza portatrice di liberazione. E non una ginnastica, mera e pura, per essere più flessibili…

Per carità, ben venga un po' di flessibilità in più... Ma i benefici dello yoga non devono essere circoscritti a un unico fattore fisico. Bensì di completezza, mentale e psicologica; interiore e dell'anima.

Ed ecco che ho cominciato il mio Vero Percorso con un Vero Maestro.

Mi sono fidato di lui sin da subito. Percepivo un'energia diversa, molto piacevole, rispetto ai suoi predecessori.

Il suo approccio non era competitivo; anzi, la competizione era completamente lasciata all'esterno. Era un approccio paterno, basato sull'ascolto.

Ho avuto la fortuna che mi prendesse sotto braccio, in veste privata, consentendomi di imboccare la giusta via. Aveva compreso come il mio Ego volesse a tutti i costi arrivare a "chiudere" tutte queste benedette asana.

Era necessario uno specialista, capace di dedicarsi esclusivamente a me. Splendide le lezioni di gruppo, ma nel mio caso sarebbero state superflue. Interessanti, come sempre, ma non la soluzione ideale per me a quel tempo.

Sono per natura molto ambizioso. Se da un lato l'ambizione mi porta a essere competitivo, dall'altro rafforza in me la presunzione di non resistere alle difficoltà.

Un percorso che mi ha aperto gli occhi, mi ha donato uno sguardo su di un mondo nuovo, incantevole e pieno di ottimismo.

Abbiamo lavorato insieme, one to one, con numerose lezioni private che tuttora prendo quando sento la necessità, per rafforzare non solo la mia muscolatura, ma anche per lavorare in modo profondo sugli aspetti emotivi, sui miei nodi karmici.

Insomma, per lavorare sul contorno, cosa che in una lezione di gruppo diventa impossibile fare.

In India, le vere pratiche erano sempre one to one, Allievo e Maestro.

Poi, con l'evoluzione, con la crescita del marketing e del business, sono subentrate anche le lezioni di gruppo.

Ma nella mia vita - e penso possa essere così anche per molti altri - quando voglio dare un'accelerazione, faccio sempre delle lezioni private, senza soffermarmi su costo e tempo.

Un salto quantico senza eguali, donato solo dalle lezioni individuali. Un'evoluzione senza precedenti, come il sarto che ti prende le misure per creare un vestito su misura, pensato appositamente per la tua forma fisica.

È fondamentale scovare il "sarto" giusto, al posto e al momento migliore per te.

Negli anni, ho approfondito con costanza l'aspetto terapeutico dello Yoga. Un dettaglio non da poco. Anzi, una minuzia da osservare con profonda saggezza.

Non riuscirei a perdonarmi, se un mio allievo si facesse del male praticando Yoga.

Credo che la responsabilità, quando una persona si fa male facendo Yoga, sia da suddividere: al 50% dell'Allievo e al 50% del Maestro.

Se io ti do delle indicazioni precise, ma tu continui a fare di testa tua… Beh, non ci posso fare niente.

Ma io devo saper fornirti indicazioni precise. E sono in grado di farle se ho studiato, fatto esperienze e non sono un ciarlatano dello Yoga.

Oggigiorno, per diventare insegnanti di yoga bastano due corsi intensivi della "bellezza" di 2 settimane.

Siamo davvero arrivati alla frutta! Il "business dello yoga" fa gola a molti, i quali scorgono in questo un'opportunità lavorativa. Il mercato si sta espandendo, questo è vero; ma il livello degli insegnanti in molti casi è davvero molto scarso.

Cosa pensi di imparare in un corso per insegnanti yoga di 2 settimane? Con l'aggiunta che, magari, non hai nemmeno mai praticato da allievo…

Questo purtroppo non è possibile. La comprensione che deriva dallo Yoga, dai testi sacri, necessita di uno studio approfondito che richiede tempo.

La pratica comincia a donare i suoi frutti praticando costantemente.

Per questo motivo mi sento di consigliarti di fare attenzione a chi scegli come insegnante. Soprattutto se sei convinto di voler praticare yoga seriamente.

Per mia natura continuo costantemente a formarmi, per poter avere un bagaglio di strumenti e conoscenze sempre maggiori da poter offrire ai miei allievi.

Ho terminato un Master incentrato sul fine terapeutico dello Yoga (in Italia, il termine "terapia" non può essere utilizzato a meno che non sia in ambito medico).

Ma cosa facciamo ogni giorno quando saliamo sul tappetino? Ma lasciamo perdere…

Ho studiato lo Yoga Chikitsa, quella branca dello Yoga che utilizza tutti gli strumenti come le Asana, i Pranayama, le Meditazioni per ottenere un beneficio a tutti i livelli dell'Essere.

Ho imparato ad ascoltare il mio corpo, a sensibilizzare il mio ascolto nei confronti di quello dei miei allievi, come nelle fasi di aggiustamento.

E me ne sono fottuto di molte posizioni: Vatayanasana e tutte le posizioni che non potevo più fare.

Semplicemente... Bye Bye!

C'è una verità scomoda, ma che va posta in evidenza: con lo yoga, con le posizioni, diverse persone si fanno male.

Per questo motivo ti chiedo: ti fidi del tuo Maestro?

Perché la salute è la tua, il corpo è il tuo, così come la mente e le tue emozioni.

Anche perché

Non tutti i Maestri... sono Maestri!

Impara ad Ascoltare il tuo Maestro Interiore!

Non fidarti ciecamente. A primo impatto. Cerca di percepire la corretta sintonia sin dal principio.

Non permettere al tuo Maestro di farti fare degli aggiustamenti, se "senti" che non è in grado. Allo stesso modo, non fidarti a spron battuto nemmeno di te stesso.

Ecco perché è necessario trovare la figura ideale, il Maestro che incarni al meglio il vuoto da colmare.

Sbagliando si impara. Io stesso ho sbagliato, pagandone le conseguenze. Ma dagli errori, devi uscirne rafforzato. Carattere fortificato e animo brillante. Solo così si capiscono tante cose.

Ad esempio:

- ✓ **Riconosco perfettamente il mio limite**. Dico NO al mio ego, intento a farmi chiudere per forza le mie posizioni, pur avendo muscolatura e legamenti oltre la soglia del possibile.
- ✓ **Riconosco la capacità dello yoga di fare "miracoli"**: nonostante i menischi lesionati – per buttarla sul ridere - questa disciplina ha prodotto in me maggiore energia che mai avrei pensato di poter esternare, tornando a eseguire tutte quelle posizioni che non ero più in grado di fare.
- ✓ **Risulto molto efficiente nell'insegnamento**. Vedo negli occhi dei miei allievi il Daniele di un tempo. Quello che voleva spaccare il mondo, facendo il passo più lungo della gamba.

Per questi motivi, mi rendo conto di essere a volte troppo "severo". Un atteggiamento, questo, dettato da esperienze pregresse. Dal fatto di conoscere la potente spinta dell'ego, tale da accecare la razionalità in un dato frangente.

Tradotto: desidero che ogni mio allievo pratichi con regolarità senza eccedere, senza rischiare di farsi male.

Quindi… Al prossimo "cazziatone", saprete che è stato per il vostro bene, chiaro?

Riavvolgiamo leggermente il nastro.

Come fare a riconoscere un Falso Maestro?

Lascia perdere il Marketing dello Yoga… Anche perché ti parlo da uomo di Marketing.

Non sono certificazioni e pezzi di carta a definire la serietà e l'abilità di un vero maestro.

Per carità, attestano il superamento di un esame, ok. Donano prestigio all'uomo stesso, identificatosi come insegnante, perché un giudice esterno l'ha "certificato".

Ma vuoi ridere? Oggigiorno, esiste il "mercato dei Teachers Training: diventa "insegnante" in 2 settimane!".

Che cazzarola puoi imparare in 2 settimane?!

Poco o niente, diciamoci la verità…

Quando ho dato il via alla mia ricerca di un vero maestro, ho usato questo semplice metodo: ho testato praticamente tutti i presunti maestri della mia zona; ho girato tutte le scuole di Milano, elargendo fiducia solo a coloro che ho considerato "allineati" a me.

E mi è andata bene, avendo riconosciuto Maestri con la M maiuscola.

Ho riconosciuto in loro, oltre al livello di esperienza, la sintonia che percepivo nei miei riguardi.

Ripeto: sto parlando dello YOGA Autentico, di una disciplina che non riguarda il corpo in veste esclusiva.

Non sto parlando della ginnastica da palestra…

La palestra nasce per prenderti cura del tuo fisico…

… Mentre

lo Yoga Nasce Invece Come Scienza dell'Anima.

Comprenderai, dunque, come i due argomenti viaggino su binari diametralmente opposti.

Che poi - detto tra noi - ci sia un punto in cui le due rette si possano intersecare è un altro discorso…

Il fatto che lo Yoga "tiri" nelle Palestre è puramente moda, attività fisica e business. Le Asana ci tonificano anche le chiappe, è vero...

E va bene, eh! Meglio di niente!

Ma un personal trainer o un insegnante di ginnastica difficilmente potranno aiutare il "cliente" a fare un lavoro interiore.

La gente va in palestra per scolpire gli addominali, bombarsi i bicipiti, per fare Zumba, per divertirsi e socializzare. In molti casi anche per rimorchiare…

Ed è giusto che sia così. Per questo ho aperto la scuola Authentic Yoga - che non è una palestra -. E mi piace appunto chiamarla scuola. Anche a scuola si fa palestra, così come in AY si fa "attività fisica" con l'Hatha Yoga e le sequenze di Yoga più dinamiche.

Ma sono mondi diversi, che viaggiano paralleli, si intersecano da un punto di vista logistico. Gli obiettivi, però, non si equivalgono.

Anzi, viaggiano su binari agli antipodi.

L'abilità e la capacità del Maestro stanno proprio nel far intersecare questi binari in modo da amplificarne gli effetti, che è quello che si fa nella pratica Authentic Yoga.

Il consiglio che mi sento di darti è di imparare ad ascoltare le sensazioni che percepisci. Anche e soprattutto nel rapporto con il Maestro. Immagazzina consigli lungimiranti, originati dai suoi studi e dalla sua esperienza.

Ma fai attenzione! Ad assumere importanza, in questa fase, è la tua capacità di discernere. Ossia, quella in cui dai ascolto anche al tuo Maestro Interiore, del quale devi subito imparare ad avere fiducia.

Fidati di Lui; fidati di Te. Il Maestro arriva quando l'Allievo è pronto ad accoglierlo.

È la vita stessa a riservarti la scelta corretta nel momento del bisogno.

Non recepire queste parole come fossero la Bibbia o come lampi di vitalità ordinaria, persino straordinaria.

Semplicemente, scorgi queste parole come genuine conseguenze di un vissuto, il mio, contrassegnato da ostacoli e impedimenti, vicissitudini e incongruenze.

Dettagli, questi, visti oggi con la lente d'ingrandimento, che donano un sorriso sul mio volto, dicendomi: "Ce l'hai fatta, Daniele!".

È un tema davvero affascinante quello del Maestro, del suo rapporto con l'Allievo, e del Maestro Interiore, equilibratore del tutto. Ricevo moltissime mail, ogni giorno, contenenti richieste di delucidazioni su questo argomento.

E ho estremo piacere ad avere un confronto costante con i miei allievi, così come con chi sta facendo un percorso di crescita interiore.

Ma per me diventa umanamente impossibile rispondere a tutti, davvero. Ventiquattro ore non mi basterebbero…

Per questo genere di comunicazioni, qualora la tua curiosità non potesse più attendere, puoi interagire con me e con la community sull'apposito gruppo Facebook: YOGA Autentico | Daniele Salamina.

Entra nel gruppo e raccontaci la tua esperienza con i tuoi insegnanti e con il tuo Maestro Interiore, in modo da confrontarci e imparare anche da te e dal tuo vissuto.

Ego, Sforzo e Disciplina nelle Pratiche Yogiche e nella Crescita Interiore

Bruciare a Fuoco Lento oppure Incendiare la Foresta?

Perdurando sulla via tracciata dal precedente capitolo, riporto un quesito che la maggior parte dei miei allievi mi pone quando cominciano a praticare Yoga e Meditazione:

"Daniele, quante volte devo praticare?" .

"Per quanto tempo devo meditare?".

Domanda logica e istintiva. Io stesso me la sono posta agli albori della mia pratica. Devo deludere i romantici della risposta unica e precisa…

Non c'è una risposta giusta! Non c'è una ricetta segreta!

Adesso ne comprenderai il motivo. Prendo a esempio l'ultimo Ritiro svolto, quello nella splendida cornice della Val Taleggio.

Un Retreat suggestivo, diverso dai precedenti, proprio perché infarcito sulle note dell'importanza di definire una certa Disciplina nella Pratica.

Disciplina, ecco il termine chiave. A cui si contrappone lo Sforzo.

Ma cosa cambia, dunque, tra Disciplina e Sforzo? E cosa c'entra l'ego in tutto ciò?

Sia chiaro, e questo lo scriverò a più riprese: tutto quello che leggerai è frutto della mia personale esperienza, allo scopo di supportarti nella comprensione, così da poter trovare la giusta via per rintracciare la risposta perfetta, calzante per te.

All'inizio del mio percorso di crescita, praticavo Yoga tutti i giorni. Tutti i santi giorni.

Me lo ero imposto. Dovevo praticare quotidianamente le Asana. Non c'era stanchezza che tenesse.

Sono stanco? Ok, ma la pratica non me la nega nessuno.

Non ho voglia? Ok, pratico in ogni caso.

Non ho tempo di andare in Ashram? Ok, nessun problema, trovo un attimo per praticare, anche solo la sera.

A quel tempo ero risucchiato dalla frenesia del lavoro, capace di assorbirmi interi campi energetici. Arrivavo a sera svogliato e in procinto solo di entrare nel mio amato letto.

Ma no, non mi arrendevo così facilmente. Prendevo convinzione, eludevo la pigrizia e mi mettevo a praticare.

Facevo riaffiorare tutta quella forza di volontà che ho sempre posseduto.

Gli amici mi invitavano per un aperitivo. Non avevo ancora avuto la mia dose di pratica quotidiana? Con dispiacere, certo, rimandavo l'aperitivo a un altro giorno.

Questo è ciò che chiamo…

Disciplina.

La Disciplina è la prerogativa necessaria per eseguire qualcosa di cui si vorrebbe fare a meno, per pigrizia o per svogliatezza. È quel "là", quell'input a determinare la sfrontatezza con cui sconfiggi stanchezza e inerzia.

È quindi importante praticare tutti i giorni?

Sì, è importante. Ma non è un diktat, non dev'essere un'imposizione tassativa.

In quel dato momento della mia vita, consideravo la pratica molto fisica delle Asana fondamentale, da eseguire con regolarità giornaliera.

Percepivo fosse la cosa giusta da fare, tale da vivere un normale equilibrio.

A volte, spinto da questo mio desiderio di disciplina, oltrepassavo il limite, sforzandomi all'eccesso. Non ero in grado di fare una determinata posizione, perché precoce, ma mi ostinavo a volerla fare a ogni costo.

Tirare troppo la corda, continuando inesorabilmente a tirarla. Giungendo a pagarne le conseguenze, facendomi male, fisicamente ed emotivamente.

È ciò che chiamo…

Sforzo.

Lo Sforzo è un impiego di forze fisiche e psichiche superiore al normale. Una sollecitazione oltre il limite, un sovraccarico.

Riferibile a qualcosa che non va: l'Ego, in questo frangente, vuole e pretende più di quello necessario e ipotizzabile.

La Disciplina non per forza contempla lo Sforzo: posso praticare le Asana, adattandole al mio livello, alla mia capacità attuale. Senza eccedere, senza oltrepassare il limite. Senza Sforzo.

Una differenza sostanziale, un principio che può essere benissimo applicato in ogni ambito della tua vita.

Pretendi sempre di più, vuoi superare i tuoi limiti:

"Devo fare a tutti i costi quella cosa"; "Devo chiudere quest'Asana, altrimenti non sono figo"; "Se lo fa lui, posso farlo anche io"; "Devo alzare per forza 100 kg"; "Devo meditare 1 ora al giorno"; "Devo, devo, devo…".

Sia chiaro: un po' di sforzo ci vuole sempre all'inizio, altrimenti non si valicherà mai e poi mai un ostacolo oltre al quale è opportuno andare.

È comune usanza indicare in 21 giorni il tempo necessario a creare un'abitudine.

Ma non cadiamo nell'errore di confondere sane abitudini con sforzi (puramente) egoistici, eh!

Lo Yoga Autentico è lo strumento mediante il quale imparare a comprendere tale differenza. Per rendersi conto del proprio stato fisico e mentale, per arrivare a possedere il pieno controllo delle proprie azioni.

Le azioni basate sulla saggezza e sull'ascolto; sulla lungimiranza e sull'attenzione al dettaglio.

Evitando così di reagire con il mero istinto, di reagire agli impulsi derivanti dall'ego.

Presumo sia chiaro a tutti che se si vuole dimagrire non serve a niente digiunare per 3 giorni se poi ci si abbuffa dal 4° giorno…

Aggiungo una relazione metaforica:

Lo Yoga Autentico come una goccia che buca la roccia, giorno dopo giorno.

Non è la tempesta che scava! La tempesta fa solo che danni… Una goccia alla volta, costante, buca invece la roccia.

La Pratica costante buca il nostro ego, permettendoci di scavare lentamente in profondità, costruendo passaggi, esplorativi e migliorativi, di crescita interiore.

In gergo yogico, per citare Patañjali, lo si definisce Tapas[x], che letteralmente significa "bruciare a fuoco lento".

Andiamo a scavare nelle viscere più profonde del nostro Io. Le pratiche interiori, come la Meditazione e lo Yoga Autentico che pratichiamo in AY, nutrono questo scopo...

Favorire il naturale sviluppo che è già presente in ognuno di noi.

Poco alla volta, mattone dopo mattone... con lungimirante Disciplina e senza eccessivo Sforzo!

Quindi, la prossima volta che pratichi, ricordati di questa differenza e impara ad ascoltare in profondità il tuo Maestro Interiore.

Riconosci chi sta realmente parlando.

Sforzati. Sì, sforzarti di farlo. Uno sforzo, questo, limitato al primo vero passo, tale da abbattere le difese che ti impediscono di cambiare registro.

Perché, in fondo, sei conscio del fatto che si tratti di altro.

Accadrà anche che la tua pratica farà un upgrade, salirà di livello e intensità; ma non sarà la pratica a essere cambiata. Lo sarai TU!

Occhi esterni non riveleranno forse differenze o cambiamenti evidenti, ma tu saprai che la pratica, che sia di Yoga o di Meditazione, sarà divenuta un tuo personalissimo e fondamentale momento di crescita.

Non vedrai l'ora di praticare…

… Perché la Disciplina (senza Sforzo) conduce alla calma, alla tranquillità dell'anima. Accompagnando la pratica come fosse una continua esperienza di pace e di gioia.

Ora lascia che ti ponga questa domanda…

Lo Yoga Migliora Davvero Anche il Lavoro (a prescindere da quale Lavoro tu Faccia)?

Il lavoro nobilita l'uomo. Chi non lavora non fa l'amore... È con il lavoro che si paga la propria dignità... E chi ne ha più ne metta!

Quante volte le abbiamo sentite! Frasi con un pizzico di fondamenta, non credi? Magari più la prima... La seconda beh, presumo facciano l'amore anche i disoccupati.

Il lavoro preoccupa, comporta sbalzi d'umore, inalbera. Occupa giornate intere, penetra nella testa a tal punto da dominare la notte con l'insonnia.

Insomma, irrompe (come ovvio che sia) nella vita di un essere umano in maniera prorompente.

Il lavoro può anche sopraffare. Ma ti è mai capitato di sentirti sopraffatto sul lavoro e di non conoscerne il motivo?

E com'è possibile che mediante delle "semplici" Asana, un po' di Pranayama e della sana Meditazione, si possa migliorare la propria condizione lavorativa?

In sintesi: può, lo Yoga, migliorare il lavoro?

Domande, queste, che mi sono posto diverso tempo fa.

La risposta è SÌ!

E ti spiego il motivo.

Ho cominciato a fare Yoga in un frangente lavorativo molto complicato. Mi ero appena licenziato dalla società di consulenza informatica nella quale ero stato assunto a tempo indeterminato, per mettermi in proprio. Per avviare la mia attività.

"Sei un pazzo! Un folle! Ma cos'hai nella testa!" Questo mi sono sentito dire.

Non è stato facile, ovviamente. Non sono sovraumano, né tantomeno un supereroe.

Ho compreso i dubbi delle persone che mi stanno a fianco, perché significava abbandonare qualcosa di certo per un percorso fatto di dubbi e punti interrogativi.

Ma vivevo una fase della mia vita condita dal desiderio di profondo cambiamento. L'ambizione stava piano piano prendendo il sopravvento.

Così, da un giorno con l'altro – chiaramente dopo attente e lungimiranti analisi -, mi sono messo in proprio.

Un viaggio, il mio, in costante crescita non senza ostacoli e muri da abbattere.

Non ho mai pensato di divenire imprenditore e, con un semplice schiocco delle dita, fare una montagna di soldi, dare lavoro a decine e decine di persone e aiutare così il prossimo con la formazione.

No, sarei ipocrita a pensarla in questo modo.

Le responsabilità stavano per divenire sempre più il mio pane quotidiano; la paura di fallire era dietro l'angolo, limata poco alla volta dal coraggio di fallire.

Perché è il coraggio di cui dobbiamo parlare quando si cambia vita in maniera così drastica. A questo si aggiungeva anche l'aspetto economico, di scarsa entità nel momento in cui ho deciso di voltare pagina.

Ed è stato lì, ravvisando in me una tale stranezza, che un mio amico mi ha consigliato di provare Yoga.

Sante parole! Per fortuna l'ho ascoltato, cominciando a praticare (e per questo non finirò mai di ringraziarlo!) l'Ashtanga Yoga.

Pratiche toste, quelle dell'Ashtanga Yoga. Ho ancora fresco e nitido il ricordo del mio corpo totalmente contratto e legato, della mia mente rigida.

Sembrava che la lezione non finisse mai!

La voglia di fuggire dall'aula, letteralmente. Per evitare di provare ancora quel dolore.

Percepivo reazioni emotive talmente forti da non riuscire persino a controllarle.

Ma non mollavo. Cazzarola se non mollavo! I benefici giungevano quasi inaspettati e nel momento del bisogno.

Ho cominciato da subito a vedere i primi benefici dopo la pratica...

... Mi sentivo SUBITO meglio; la mente rilassata, il mio sistema emotivo più forte...

... E il lavoro andava sempre meglio!

Sì, il lavoro. Ne ero entusiasta.

Come se lo yoga, trasformatosi in pura magia, in qualche modo riuscisse a plasmare l'esterno.

Ora, a distanza di anni, dopo aver studiato e messo in pratica i tantissimi insegnamenti, non mi meraviglio più dei vantaggi, dei giovamenti e dei successi donati da questa disciplina.

La pratica di Yoga e Meditazione comporta in noi piccoli ma sfavillanti cambiamenti di crescita.

E la magia avviene non sul tappetino, ma all'esterno, nella vita. Il tappetino, se vogliamo, è uno strumento d'aiuto mediante il quale poter vivere una data esperienza, un passo di crescita interiore.

Il lavoro è certamente uno di quei settori che beneficiano maggiormente di questa crescita.

Migliora perché, con la pratica, noi cambiamo e, di riflesso, cambia il mondo intorno a noi. Lo sguardo stesso con cui noi scrutiamo ciò che ci sta attorno.

Ti racconto questo aneddoto...

Un tempo, quando ricevevo una mail certificata oppure una raccomandata il cui mittente ad esempio era un legale (e ancora ne ricevo diverse, forse più di prima), prima ancora di aprire la mail il mio cuore batteva forte.

E dentro di me si scatenavano una serie di emozioni e sensazioni in un mix di preoccupazione e angoscia.

In che modo lo Yoga ha aiutato a gestire meglio queste emozioni? Grazie alla pratica andiamo a delineare uno spazio, una voragine tra noi, le emozioni e il mondo esterno.

Andiamo a creare un DISTACCO, fisico ma soprattutto emotivo. Lasciamo che vicissitudini e tormenti non resistano spalmati accanto al nostro "io".

Significa che, se prima eri pervaso completamente dalle EMOZIONI forti e negative, come ad esempio la paura di "chissà cosa cazzo dovrò affrontare oggi!", "cosa cazzo ci sarà scritto in questa lettera?!", dopo cominci ad acquisire maggiore CONSAPEVOLEZZA EMOTIVA.

Questo ti permette di avere maggiore abilità di riconoscere le emozioni che si impossessano di te. Capisci, internamente e in maniera lucida, che quell'emozione è temporanea e normale, accettandola semplicemente per quello che è: un'emozione.

Di seguito, ti elenco i benefici che lo yoga apporta al tuo lavoro quotidiano. Ho creato un vero e proprio elenco in modo che tu possa rileggerlo più volte:

- ✓ **Maggior Distacco Emotivo**: riesci a gestire meglio quello che ti succede senza esserne sovrastato. Ogni emozione che subentra in un dato momento viene "lavorata" a dovere affinché non comporti un condizionamento irreversibile.

- ✓ **Maggior Efficienza**: ottimizzi il tuo tempo. Produci di più nel più breve tempo possibile.

Essere efficienti significa implementare un risultato assottigliando il tempo necessario per eseguirlo.

✓ **Maggiore Lucidità Mentale**: ti dona la lucidità necessaria per fare scelte razionali. Essere lucido vuol dire possedere una mente libera da restrizioni, quelle che non consentono di razionalizzare una scelta, prendendola giusta. La lucidità, la brillantezza che lo Yoga è capace di offrire, consente di decidere in piena coscienza, senza pentimenti o dubbi postumi.

✓ **Intuizione Creativa**: attingi così a una nuova creatività, donando quel quid utile a sorprendere te stesso e il tuo capo. Cosa intendo con "sorprendere il tuo capo"? Significa presentargli un'idea o un progetto, lasciandolo a bocca aperta. Lasciando a bocca aperta perfino te stesso, quasi sconvolto dall'intuizione della tua mente quando meno te lo saresti atteso.

✓ **Maggior Efficienza Decisionale**: da maggiori responsabilità derivano continue e importanti decisioni. Più occupi posizioni di responsabilità, più sarai costretto ad assumere decisioni anche drastiche. Lo Yoga, in tal senso, è capace di elargire quella sicurezza necessaria in fase prettamente decisionale.

✓ **Prosperità e Abbondanza Economica**: per ultimo ma non per importanza. Semplicemente perché questa diviene la logica conseguenza di quanto indicato. La prosperità economica giunge nel momento in cui tutti i tasselli, in precedenza nominati, vanno a comporre il mosaico completo di benefici.

Non pensi che questi siano degli ottimi motivi per dedicare un po' di tempo alla tua pratica personale?

Lo Yogi, come diceva Coelho, è prima di tutto un Guerriero di Luce.

È un essere capace di prendere in mano la vita, la propria e quella degli altri, evolvendola mediante gli strumenti offerti dallo Yoga stesso.

Una frase bellissima, se ci pensiamo. Parole che ci indicano una direzione ben precisa, lungo la quale costruire, mattone dopo mattone, la "casa" contenitore di presente e futuro, il cui protagonista veste i panni della vita stessa…

Ora voglio raccontarti questa accesa discussione che ho avuto con Lisa, nel suo taxi…

Il Tassista, l'Energia e lo Yoga

Quando "Strani" e "Inaspettati" Incontri Ti Fanno Svoltare una Giornata di MxxxA!

Era tardo pomeriggio, di un giorno di gennaio 2021. Stavo rientrando in taxi, direzione ufficio, dopo una giornata intera di lavoro passata in centro città. Ho avuto il piacere di conoscere Lisa, la proprietaria del taxi.

Lisa era nervosa, inalberata. Anzi, era incazzata nera!

Il motivo? Che non riusciva più a comprendere come quotidianamente dovesse fare un uso continuo di medicine e pillole per far sì che il dolore e i problemi le passassero.

Era stufa, al limite dello stremo. Delusa, letteralmente esasperata, tanto da dirmi: *"Ho la testa dura come il marmo e col caxxo che continuo a prendermi tutte quelle schifezze!"*.

Un anno prima, per significativi disturbi di tipo gastroesofageo, il medico le aveva prescritto una cura consistente in un dosaggio importante di medicinali.

Non era mio intento sostituirmi alla medicina in quel momento, così come non lo è adesso. Non sono un uomo di scienza. Sia ben chiaro. Io sono innanzitutto un ricercatore, un imprenditore e un insegnante, oltre che esperto marketing e coach. Lungi da me volermi sostituire ad altrettanti e importanti figure professionali.

Ma un po' di esperienza, diciamocela tutta, me la sono fatta, e pongo solo in evidenza ciò che è stato dimostrato a più riprese, da diversi studi scientifici. È molto semplice: è fondamentale prendersi cura di sé stessi, proprio con discipline come lo Yoga, ma anche tante altre, che aiutino a donare valore al proprio essere.

La medicina classica, intesa come medicina che si prende cura del sintomo, quando la malattia sta facendo il suo corso, ha una sua peculiare valenza, salvifica per molti versi. Ma non dev'essere l'ultima spiaggia.

C'è molto che possiamo fare per cercare di evitare di giungere a questa condizione, quella di diventarne dipendenti.

Nota bene: non sto per sviscerare qualcosa che possa sostituirsi alla medicina. Attenzione, non è ciò che sto per dire.

Ma voglio raccontarti come, attraverso la mia esperienza diretta, così come quelle di una moltitudine di persone il cui cambiamento è stato ampiamente dimostrato da numerosi scienziati contemporanei (come il Dott. Joe Dispenza nel suo libro "Placebo Effect"), pongo in essere qualcosa che ti consenta di migliorare anche la tua salute, senza per forza ricorrere alla chirurgia o a interventi invasivi (ricordi che ho evitato l'operazione al ginocchio?).

172

Grazie alle pratiche autentiche, possiamo lavorare alla radice del sintomo e, in molti casi, prevenire eventuali rischi. Imparare ad avere maggior cura e prevenzione nei nostri riguardi.

Io stesso, nel corso della mia vita, ho sofferto di problemi e patologie che davvero sembravano non volersene andare. Patologie, a detta dei medici, croniche, come la Psoriasi e l'Orticaria che, a seguito di continue e ripetute visite da specialisti, dermatologi e illustri professori, continuavano a turbarmi le giornate. Stress e ansia, alla base di tutto questo.

Ad un certo punto, dopo esser giunto al limite con l'utilizzo dei farmaci, mi sono detto: "Daniele, adesso basta! È ora che ti prenda cura di te stesso!".

Non volevo più dipendere dalla medicina. Il mio desiderio era sentirmi bene grazie a un lavoro più profondo su me stesso, giorno dopo giorno.

Lavorare non più sul sintomo – per il quale anche le medicine non avevano più alcun effetto - bensì sulla causa della mia sofferenza.

In poche (ma potenti) parole:

Essere Sé Stessi per Andare Oltre sé Stessi.

Con lo Yoga; mediante la Meditazione; attraverso le discipline autentiche…

Ed è ciò di cui ho parlato con Lisa. Sottolineandole di iniziare a prendersi seriamente cura di Sé stessa, per andare oltre sé stessa.

Essere Sé Stessi per Andare Oltre sé Stessi (Parte 2/2)

Viaggio alla Scoperta dell'Essere

Valicare i propri limiti, sradicare i freni che ostacolano la nostra partenza, il nostro viaggio alla scoperta di noi stessi. Permettere alla nostra energia di esplodere, di fuoriuscire all'aria aperta, con l'opportunità di manifestarsi in tutto il suo splendore.

Con lo Yoga Autentico della nostra scuola lavoriamo proprio sull'incremento di questa energia, che gli Indiani definiscono Prana.

Parafrasando il filosofo Ralph Waldo Emerson, la più grande conquista di un uomo è quella di essere Sé stessi all'interno di un contesto, il mondo stesso in cui viviamo, che cerca costantemente di cambiarci.

Lo Yoga Autentico è lo strumento che non solo mette in pratica quanto enunciato in precedenza, ma valica i medesimi confini, rispondendo alla volontà umana di andare oltre all'essere sé stessi.

Mi soffermo un attimo sul titolo…

Avrai fatto caso a un dettaglio. Forse no, perché sottile e quasi impercettibile:

✓ "Sé", il primo, MAIUSCOLO

✓ "sé", il secondo, MINUSCOLO

Non è un caso. La differenza, oltre che stilistica, concerne il significato.

L'uno diverso dall'altro.

L'uno l'opposto dell'altro.

Il primo possiede una valenza positiva, assolutamente prioritaria. Relativa al filo conduttore del libro, del pensiero alla base della nostra Scuola: l'Autenticità.

Il secondo possiede invece una valenza sfumata di negativo. Agli antipodi rispetto alla prima: l'Ego.

L'Autenticità deve prevalere sull'Ego. Sto parlando dell'Ego portato all'eccesso. L'Ego, in sé, rappresenta la propria natura e la coscienza di essere chi siamo. Se elargiamo eccessivo peso ad esso, rischiamo che si trasformi in nemico. In qualcosa di estremamente dannoso.

Perché l'Ego ci spinge all'eccesso. Costringe l'individuo a desiderare che si avverino cose che non stanno né in cielo né in terra, che non rispecchiano la realtà.

Costringe l'individuo a vivere con inerzia la propria evoluzione, la propria crescita anche interiore.

L'Autenticità deve divenire non solo virtù primordiale su cui fondare la propria quotidianità, bensì strumento grazie al quale evitare che l'Ego prevalga.

Lasciando spazio alla genuinità e alla semplicità umana, alla bontà e alle qualità che l'uomo non è consapevole di possedere.

Ed è proprio di questo che ti parlo ora, di come l'Ego, sotto forma di avidità, possa portare tante persone a non rispettare il prossimo per un puro interesse economico.

Lascia che ti racconti questa storia di...

Autentica Ingiustizia

Quando l'Incidente Stradale mi ha Quasi Ammazzato Fisicamente, e l'Imprenditore Avido mi ha Ammazzato (per la Seconda Volta) Emotivamente (Stronzo! Ma ti Perdono...)

Nel teatro è definito "conflitto". Lo è anche nella vita reale, di tutti i giorni.

Sto parlando dell'avvenimento, drammatico, che diviene evento capace di capovolgere la trama e il suo finale.

Il mio è declinato nelle vesti di "periodo di merda".

Chi non ha mai vissuto un periodo letteralmente di merda? Nessuno, probabilmente.

Per carità, magari tra noi esiste un individuo accompagnato costantemente dalla fortuna, senza che la Dea Bendata gli abbia mai fatto mancare niente.

A meno che tu non ti sia mai spinto oltre; a meno che tu non abbia mai rischiato lungo l'arco della tua esistenza, dubito tu abbia passato una vita liscia come la pelle di un bambino.

Se così fosse, beato te!

Dai, guardiamoci (figurativamente) negli occhi! Non posso credere che ciò sia potuto accadere. Vicissitudini, più o meno drammatiche, hanno investito tutti noi. Investono individui ogni maledetto giorno.

Parlo di uno di quei periodi che ti hanno fatto esclamare "quanto mai…". Una di quelle avversità per cui "pagheresti" fior fior di denari pur di poter rivivere l'attimo prima che la tragedia o la sfortuna potessero prendere il sopravvento.

Pensa un po': se la madre delle sfortune, o la malasorte, o il dramma (chiamalo un po' come te pare…) coincidesse con un momento che per tutti è sinonimo di festa e gioia come quello della laurea?

Ecco, appunto. Il mio è stato un disastro. Un momento, quello della Laurea, da accantonare e mettere subito nel dimenticatoio.

Da cui ne sono uscito, rafforzato e consapevole. Il cui ricordo, ora, è vivo nella mia mente come lezione di vita.

È innegabile dire come questo mi abbia sconvolto completamente la vita, perdendo fiducia su di essa in quel preciso istante.

Il mio è rappresentato dall'Incidente Stradale.

Ero a Milano da oramai tre anni. Vivevo con mio fratello, Giuseppe, con il quale condividevo un monolocale al quarto piano, senza ascensore, di un condominio in zona Famagosta.

Per il sottoscritto era stato motivo di orgoglio. Da studente ho sempre fatto il nomade, cambiando e condividendo case con altri studenti. Se non addirittura posti letto.

Studenti come me, provenienti dal Sud e da altre parti del Mondo. Aver la possibilità di una casa (anche se di soli 40 mq) condivisa con un membro della mia famiglia era motivo di felicità.

Non possedevo ancora un'automobile. Non potendomene permettere una, Giuseppe me la prestava ogni tanto, in particolare la domenica.

Ne approfittavo così per andare a pranzo dai genitori di Alessia – a quel tempo non ancora mia moglie - che abitavano a pochi chilometri dal capoluogo lombardo.

Era una Lancia Y. Un'utilitaria semplice, capace di adempiere al suo scopo, come quello di portarmi da A a B.

Così diceva il mio professore di Sistemi alle Superiori. E se non ricordo male lui stesso possedeva una Lancia Y.

Pensa le coincidenze...

Quel giorno, quello relativo all'incidente, era una domenica. Una come molte altre.

Era estate, il caldo penetrava i vestiti e ti portava a sudare in un battibaleno. Un caldo afoso, di quelli che ti si attaccano alla pelle. Aria condizionata a palla, dal punto A al punto B.

Ero sotto esami. In agguato c'era l'esame di Ingegneria del Software. Ed io, puntualmente, mi ci tuffavo a capofitto, pochi giorni prima dell'esame.

Era un esame palloso, uno di quelli che dovevi passare perché serviva per riempire una casella nel libretto degli esami.

Vuoi per l'entusiasmo che il Professore non mi ha mai trasmesso, vuoi anche per la pesantezza della materia, di fatto però non me ne fregava nulla di approfondire...

Per questo esame (ma anche per altri), mi riducevo a studiare all'ultimo minuto. Andavo avanti per inerzia. Mi aspettava quindi, come sempre, un tour de force per poter studiare in poco tempo un intero libro.

Quindi, concluso il pranzo, mi sono rimesso in auto. Direzione casa per studiare.

Quante volte ho percorso quel tragitto. Ma quel giorno, ahimè, non è andato tutto per il verso giusto.

Forse il caldo, afoso e tremendo; forse il pranzo. Non so. Sta di fatto che, mentre ero alla guida, ho perso conoscenza. Ho perso il controllo dell'auto, che ha girato di colpo a sinistra e... SBAMMM!

Questo è ciò che ricordo.

Un tremendo botto, in men che non si dica. Un BMW 318 mi ha colpito da destra, dal lato passeggeri, facendomi volare e scaraventandomi di botto sulle altre macchine parcheggiate pochi metri più in là.

Mi è passata tutta la vita davanti. In un istante, in un flash. Senza potermene accorgere. Un lasso di tempo breve ma, allo stesso tempo, infinito.

Ne sono uscito cosciente. Stordito e stranito, ma cosciente. Ero vivo, consapevole di non essere passato ad altra vita. Mi è bastato un pizzicotto, sul braccio, per metter da parte l'adrenalina che mi aveva sopraffatto.

La paura per quanto avvenuto è ancora lì che si prende gioco di me. Ancora spaventato, ho chiamato Alessia per raccontarle l'accaduto.

Lei e la mamma si sono precipitate sul luogo. In lontananza notavo il loro pianto. Scoprirò in seguito che, dopo aver visto come fosse ridotta la macchina, avevano pensato al peggio, pur avendomi sentito solo qualche minuto prima al telefono.

Dopo lo schianto, il dramma vero e proprio…

Il ragazzo, un tipo spocchioso, figlio di un noto imprenditore della zona, era lì, intento a trafficare con il cellulare. Forse un messaggio. Forse una breve chiamata.

Cinque minuti dopo, infatti, è arrivato il padre. Con aria saccente e un modo di fare da presuntuoso e da arrogante, guardandomi negli occhi, mi ha detto che lui stesso avrebbe preso in mano la situazione.

Io, da giovane sbarbato qual ero, non essendo nemmeno diciamo un ragazzo particolarmente "sgamato", mi sono assunto tutte le colpe.

Avevo oggettivamente tagliato la strada, ma non mi ero reso conto che quel giovane ragazzone con il macchinone stesse andando di gran lunga oltre il limite di velocità in quel tratto stradale, in pieno centro del paese.

In quel preciso istante, però, pensavo solo al fatto di assumermi tutte le colpe per aver tagliato la strada. Ero vivo e vegeto, solo questo bastava per tranquillizzarmi.

Tanto c'è l'assicurazione che pagherà i danni, almeno i suoi. Il pensiero, questo, che ha pervaso la mia mente nei primi istanti.

Le macchine, perlomeno ciò che restava di esse, sono state prelevate dai carroattrezzi. La Lancia Y era kaputt: l'unica soluzione la rottamazione.

I problemi veri e propri, però, sono iniziati dal giorno dopo…

Venute meno adrenalina e tensione - ringraziando l'Onnipotente per avermi graziato – ha avuto inizio il mio calvario…

Dalla carne alla brace, dal paradiso all'inferno. In un amen, mi è caduto il mondo addosso.

Vengo denunciato, vengo portato a processo. Un periodo infinito. Senza un soldo, l'avvocato d'ufficio (che lascia il tempo che trova…), un futuro che mi appare cupo e tetro.

E la Laurea? Eh, per essermi laureato mi sono anche laureato… Ma senza godermi un istante di quella festa. Perché di festa si tratta, e si dovrebbe trattare. Ma così non è stato.

La mattina, aprendo la finestra, non scorgevo i raggi del sole intenti a illuminare la mia giornata. No, vedevo solo ombre d'innanzi a me. Sfumature sempre più buie. La notte si stava sostituendo al giorno, 24 ore su 24.

I sogni, le speranze che mi hanno accompagnato nel mio trasferimento dalla mia città natale in Puglia, solo qualche anno prima, sembravano svanire così. Senza possibilità di risposta. Senza che potesse anche solo palesarsi all'orizzonte quella lampadina, accesa, a forma di miracolo.

Ma i miracoli, per quanto suggestivi siano, sono rari. Unici, nella loro veste di frangente (quasi) irrealizzabile.

Quante volte capitano? Una ogni cento anni?!

No, ad un certo punto ho pensato di non potermene più stare seduto a guardare la mia vita scivolare via, disperdersi sulla scia di un dramma che mi avesse stravolto così, dal nulla.

In quel periodo, la mia mente viaggiava indisturbata nei ricordi del mio passato. Il mio arrivo a Milano, il colpo di

fulmine con Alessia e la nostra relazione che si faceva
sempre più intensa.

La classica vita da studente fuori sede, squattrinato ma con il cuore colmo di speranze. Il brivido dell'avventura che attraversa quotidianamente il corpo.

L'enorme fatica per mantenermi agli studi. I diversi lavori,
l'unire pranzi e cene. Invitare Alessia a cena, preparandole
degli "squisiti" tortellini panna e prosciutto, rigorosamente…
del Discount!

Insomma, pregi e difetti; esperienze che, in un attimo,
rischiavano di polverizzarsi. Divenire cenere da ardere sul
fuoco.

Non lo accettavo! Non potevo credere finisse tutto così…

Il Bivio della Speranza. Sì, quello per tornare a percorrere il cammino della propria vita.

Serviva qualcosa per riprendere a viaggiare con meta il
futuro che desideravo vivere. Necessitavo di un piccolo
segnale.

Ho sempre posseduto forza di volontà, determinazione e
tenacia nel voler perseguire i miei obiettivi. In quel

frangente, però, queste mie peculiarità non riuscivano a sovrastare l'accaduto.

Era come se fossero pronte a riprendersi in mano il sottoscritto, senza però riuscire a metterlo seriamente in pratica.

Serviva una spinta, un flash dal sottoscritto.

Era un lunedì, un giorno purtroppo non come i precedenti. Un lunedì triste e malinconico, sono inciampato in una splendida frase della scrittrice Emanuela Breda:

"Quando la speranza ci fa imboccare la strada sbagliata, subentra la delusione a indicarci la giusta direzione".

La speranza non mi ha fatto imboccare la strada sbagliata. Anzi, la speranza è quella scintilla che, in me, è sempre rimasta accesa.

Flebile, quasi impercettibile, ma ben presente in attesa di fiorire in tutta la sua beltà.

È la seconda parte che mi ha colpito, mi ha fatto riflettere. Proprio lei, la delusione che si era impossessata della mia persona.

Un sentimento negativo, peggiore dell'arrabbiatura, del fatto di essere inalberato.

Io ero deluso per quanto accaduto, per la piega che la mia vita stava assumendo dopo l'incidente.

Non lo accettavo. Non potevo e non dovevo accettarlo. E non l'ho accettato.

Mi sono rimboccato le maniche.

Sono cresciuto e maturato, ho donato inestimabile valore alla responsabilità che ogni uomo o donna, pur essendo ancora giovane, deve assumersi se vuole evolvere nella giusta direzione.

Giorno dopo giorno tornavo a scorgere la luce fuori dalla finestra.

Il buio stava piano piano tornando a investire le sole ore notturne.

La mia quotidianità tornava ad allungarsi. Le giornate riprendevano a respirare serenità e tranquillità, i caratteri che desideravo tornassero a soffiare su me stesso.

La genesi di Daniele. La genesi di una METAMORFOSI.

Ma questa – per citare Carlo Lucarelli -, questa è un'altra storia… Che prosegue nelle prossime pagine.

"Meditate, Gente. Meditate!"

SÌ, MEDITATE… MA FATELO PER DAVVERO!

Così, qualche tempo fa, avevo introdotto una mia newsletter. Era un mio pensiero, puramente personale. Dettato dal riscontro avuto dopo aver passato un attimo del mio tempo libero su Facebook.

Stavo scorrendo l'home page e mi sono imbattuto in un post politico. Un post comprendente già migliaia di commenti.

Ho deciso di leggermene qualcuno.

Per pura curiosità. D'altronde stavo cazzeggiando e volevo farmi una risata. Alcuni commenti, talvolta, sanno davvero come farti scoppiare a ridere.

Tra questi, mi sono imbattuto in uno che, a sua volta, conteneva altri centinaia e centinaia di commenti.

In cosa consisteva? In una foto cospirativa la cui didascalia aveva la seguente dicitura:

"Meditate, gente. Meditate!"

Mi era capitato spesso di leggere una frase così. Mamma mia quante volte l'abbiamo letta… A chi non è successo?

Però, in quel preciso istante, ho avuto un sussulto. Ho percepito un attimo di disagio.

In primis, perché queste parole comportano sempre una reazione da parte di molti altri utenti.

In secundis, perché una frase così, scritta in quella maniera, accompagnata da un'immagine senza né capo né coda risulta solo fine a sé stessa.

Ti dirò di più! Mi è apparsa persino offensiva nei riguardi di quelle persone che, come me, vivono la meditazione come uno stile di vita, come abitudine quotidiana mediante la quale implementare il proprio stile di vita.

Non c'è da "cadere dal fico", come si suole abitualmente dire. Innumerevoli le volte in cui questa frase ha pervaso l'home page di Facebook, di tutti noi.

Sotto qualsiasi post o notizia, si scruta sempre all'orizzonte l'ipotesi che un leone da tastiera possa commentare in questo modo.

E… tac! Puntuale come un orologio svizzero. Il leoncino, con il pc o lo smartphone di fronte a sé, pronto a digitare queste tre parole, intervallate da giusto un paio di segni di interpunzione.

A quale scopo esattamente? Con che criterio?

I quesiti, questi, che istintivamente mi ponevo.

La risposta che mi sono dato è stata questa: la gente, quando vuole dire la propria a ogni costo, pur non conoscendone le ragioni, scrive in questo modo. Solo per il gusto, forse, di sentirsi superiori agli altri. Per il gusto di non giustificare una risposta, ma semplicemente sputare sentenza senza, per la verità, aver detto nulla di sconvolgente.

E come lo fa? Utilizzando "l'arte (oratoria)" della Meditazione!

Come evidenziato anche nella newsletter, il mio volere non era quello di ostacolare la libertà di opinione.

Lungi da me l'idea di voler contrastare queste (ultime?) forme democratiche, queste parvenze di Democrazia "Social" che attanagliano il mondo intero...

Però un dubbio, sarcasticamente parlando, ha permeato la mia testa: ma perché lo scrive? Seriamente, perché una persona decide di fuoriuscire dall'anonimato (se così vogliamo chiamarlo), come a dire "meditate, perché lo faccio anche io"? Magari fosse questo il fine reale!

Perché noi tutti - a maggior ragione i leoni da tastiera - necessitiamo di concedere parte del nostro tempo alla Meditazione, quella Autentica; quella portatrice, sana, di sentimenti ed emozioni capaci di scalfire la ruggine che ricopre la fortezza del nostro carattere.

Meditare, sì. Ma farlo con cognizione di causa, con la lungimiranza e la caparbietà che contraddistinguono (e devono contraddistinguere) la nostra persona.

A maggior ragione mentre si vive un disgraziato periodo. Disgraziato e insolente momento storico - come quello della Pandemia da Covid-19 - abile e nefasta trasformista della nostra quotidianità.

Meditare, soprattutto in veste Autentica, significa regolare questa trasformazione. Sfumarla di calma e serenità; guidarla con duttilità ed esperienza. Graduarla con la vitalità necessaria per vivere. Per Tornare a Vivere!

Ecco perché quella frase, in quel dato contesto, mi ha elargito uno sfumato di negatività e perplessità. Era come se il nostro stile di vita, la nostra quotidianità, fossero scalfite dalla banalità di utenti qualsiasi, intenti solo ad instillarsi al centro dell'attenzione.

Un modo come un altro per divenire protagonisti travisando parole e contesto. Una maniera come un'altra per cercare di uscire dal guscio dell'anonimato più infimo.

Ognuno è libero di farlo, senza però sfruttare una disciplina capace di cambiare radicalmente la vita delle persone, sollevandole dal torpore e donandole di un forte senso di appagamento.

La Primavera, L'Arancione e La Voglia di Libertà

"Il Cuore conosce Oggi,
la Testa solo Domani"

Ultima domenica di libertà, ultimo giorno del mese, ultima domenica. "Ultimo", un termine che ha contraddistinto il 28 febbraio 2021.

È passato più di un anno da quando ha imperversato la notizia del Covid, sopraggiunto in maniera importante anche nel Bel Paese.

Una fase, quella in cui nessuno (o quasi) pensava potesse cambiare così radicalmente la nostra vita; o, perlomeno, non in maniera così rabbiosa e decisa, limitando lavoro, relazioni, sport, viaggi e formazione.

Era come detto l'ultima domenica di libertà, prima che la tonalità "Arancione" tornasse a oscurare la Lombardia e gran parte dell'Italia.

Un colore ibrido, in questa veste, perché nel limbo tra una semilibertà e un lockdown quasi totale.

Ad accompagnare quella domenica il sole, il caldo primaverile, quasi estivo, e il desiderio di stare all'aria aperta.

Il freddo sembrava poter riaffiorare rabbioso all'orizzonte. Parlavano infatti di un drastico calo delle minime per i giorni successivi.

Così poi è stato, ma senza eccessivi allarmismi come riferitoci dai soliti notiziari online, intenzionati a guadagnare click su click con titoloni esasperati da molta, troppa fantasia e poca, pochissima intelligenza.

La meditazione era il toccasana prediletto. È un toccasana; prediletto o no dipende dalla forza di volontà di ognuno di noi.

Per quella domenica, alle 10:30 di mattina, avevo pianificato un seminario dal titolo "Aprire il Cuore per sciogliere il Karma".

Considerato il periodo, la temperatura, il clima, le nuove restrizioni dal giorno successivo, ho ritenuto un successo il fatto di aver raggiunto il limite massimo di persone prefissatomi su Zoom. Davvero. E ne sono grato. Il Cuore, il mio, non poteva che colmarsi di gioia.

Il Cuore, sì. Proprio Lui, inteso come Chakra. L'amore, sentimento privilegiato dall'uomo e dal contesto meditativo che bramavo arrivasse alle persone, ai miei allievi.

Un momento storico di una difficoltà inestimabile, negli ultimi decenni. Per questo motivo, desideravo che l'amore percorresse gli animi non solo degli affetti a me cari, ma di tutte quelle persone con cui avevo a che fare, con cui ho avuto a che fare anche solo per un istante.

E sapete qual è l'opposto dell'amore? L'odio, penserà la maggior parte di voi… Ma non è così.

L'opposto dell'Amore è la Paura.

Ne conoscete il motivo?

Perché la paura non consente all'amore di fluire verso una sua completa espansione.

La paura blocca la realizzazione, comportando un peso sul petto, un peso sul cuore stesso. Talvolta un macigno, difficile da rimuovere per tornare a far prevalere un barlume di serenità.

L'intento di quella Meditazione era di comprendere come lavorare sul cuore, attraverso le nostre emozioni.

E perché, per farlo, è necessario lavorare proprio con la meditazione?

O meglio, perché proprio la meditazione è così efficace per lavorare sulle proprie emozioni per poterle far fluire liberamente?

Pensiamo ad un blocco, nella Yoga si parla di Nodo Karmico, in Psicologia di Blocco Emotivo. Possiamo immaginare questo blocco come un'ostruzione che non consente all'energia di fluire liberamente.

Questa energia che "ristagna" e si arresta. Possiamo avvertire le manifestazioni di questo blocco in tanti modi diversi.

Ad esempio possiamo percepire una pesantezza generale. Nel caso di alcune emozioni, esse si possono manifestare come pesantezza sul petto.

Come dolore latente… Sei consapevole che ciò non può essere inteso come un dolore fisico. Lo sai anche dopo essere stato dal medico, la cui diagnosi è quasi sempre la stessa: stress, solo stress, nessun altro problema.

La Scienza stessa ha dimostrato come le Emozioni represse siano la causa di tantissime malattie.

Per questo ho integrato nella pratica Authentic Yoga, che proponiamo in AY, il Bhakti Yoga - lo yoga devozionale - che utilizza diversi mantra e il suono dell'Harmonium come strumenti per lavorare in modo diretto sulle nostre emozioni.

Ti è mai capitato di sentire un pezzo del tuo cantante preferito, che ti piace tanto, e di emozionarti a tal punto da piangere?

Ebbene, il canto, la musica (in particolare quella devozionale Yogica) oltrepassa la mente logica.

Il canto dei mantra stacca la mente dall'esterno, da ciò che succede attorno a noi in un dato momento, per riaccompagnarla all'interno.

Questo ci porta sin da subito in uno stato interiore profondo, preparando il nostro sistema emotivo a entrare con più facilità in meditazione, ottenendo così maggiori risultati - se così li possiamo chiamare - dalla nostra Sadhana[xi].

Un'altra peculiarità, seppur strana, sta nel fatto che le parole sono in sanscrito, quindi difficilmente comprensibili alle orecchie di noi occidentali.

Non capendone il significato, accantoniamo la mente, cantando con più lucidità. Senza fissarci sulle parole e su ciò che rappresentano.

Un canto che diviene puramente emozionale. Il suono è vibrazione, un movimento oscillatorio di frequenza che provoca in noi una scossa, un sussulto emotivo più o meno elevato.

Con i mantra, la mente razionale viene messa da parte per un momento, perché non v'è la necessità di alcun giudizio.

A tal proposito, un allievo che ha partecipato al seminario, nella parte conclusiva, quella destinata ai commenti, ai dubbi, alle domande e alle curiosità, mi chiese: "*Quando ho iniziato a meditare, ho sentito una strana vibrazione alla bocca dello stomaco. Come mai?*".

Un quesito molto interessante, che diverse persone alla prima meditazione si pongono sin da subito. Percepire una vibrazione è normale. Fa parte di un percorso meditativo ancora agli albori.

Definirla strana, lo è ancor di più. Perché una sensazione mai provata sino ad ora. Un'emozione nuova, unica nel suo genere, capace di implementare il suo raggio d'azione nel corso di un costante e duraturo percorso di crescita mediante l'utilizzo delle pratiche autentiche.

Una stranezza che, con il tempo, si impossessa di sfumature più chiare e ben definite, con il sorriso di una serenità, autentica, a farla da padrone.

Che possa essere anche la voglia di libertà a pervadere l'alba meditativa di ognuno di noi in un frangente come quello che stiamo vivendo? Assolutamente sì!

Una Stagione, un Colore e un Sentimento: la Primavera, l'Arancione e la Voglia di Libertà costituiscono un tutt'uno, in periodo pandemico. Il filo conduttore di una giostra di emozioni in continua evoluzione.

Un'evoluzione sì da ponderare, ma da vivere a cuore aperto, con il 4° Chakra - *Anahata*, il Chakra del Cuore - gonfio d'amore.

Botti di Capodanno, Filosofia Yoga, Non Violenza e Ahimsa

Fare di Tutta l'Erba un Fascio?
No, grazie!

PREMESSA 1: In questo capitolo userò un tono che potrà anche risultare fastidioso; tratterò argomenti che, forse, potranno contrastare il tuo modo di vedere lo Yoga ma non solo.

È necessario possedere una minima elasticità mentale per comprendere il senso di ciò che c'è scritto. Ti avviso anzitempo, così da non incappare in equivoci e fraintendimenti.

PREMESSA 2: Non pretendo che tu creda a ciò che leggerai nelle seguenti righe; non è mia presunzione imporre un dovere di tale veste. Perché ciò che sviscero è solo frutto della mia esperienza di vita e di insegnante di yoga. Ma anche di imprenditore, che cerca di applicare i principi della filosofia Yogica – uno su tutti l'AHIMSA, la Non Violenza -, in molti ambiti della mia vita, compreso il lavoro. Dopo tanti anni di pratica personale, credo che alcuni di questi principi siano oramai parte integrante del mio "Essere Me Stesso".

Pronti, partenza, via…

Ho ricevuto il seguente messaggio privato su Instagram – sul mio profilo privato @danielesalamina - da un'allieva (perdonami cara, non ce l'ho con te; anzi, ti ringrazio per la critica, perché mi stai offrendo il modo di affrontare questo argomento da una prospettiva autentica, almeno per me).

Eccolo:

"Ciao Daniele, mi puoi spiegare come unisci la filosofia dello yoga (rispetto per gli animali…) con i botti? Gli animali si spaventano, agli uccellini vengono gli infarti e muoiono (vedi quello che è successo a Roma). Non me lo aspettavo veramente da una persona come te e non riesco a spiegarmi perché lo fai. Me lo spieghi? Grazie".

Consentitemi un'ulteriore nota introduttiva, ancor più personale…

Sin da piccolo, ho sempre avuto la passione per i botti di Capodanno. È una predilezione, questa, trasmessami inconsapevolmente dai miei fratelli e da mio zio campano. Lo ammetto, è stato per diverso tempo un mio punto debole.

Ogni anno, in passato, mio zio scendeva in Puglia - la mia terra natia - portando con sé una quantità incredibile di botti per Capodanno.

Rigorosamente illegali, eh: cipolle, bombe di Maradona e ogni sorta di altro esplosivo capace di far saltare una città intera.

(Sarcasmo eh, questo irreperibile…).

Ricordo ancora di quando andare a trovare i miei parenti di Caserta fosse per me una grande festa.

Ero sì contento di vedere loro, ma lo ero ancor di più pensando di bruciarmi tutti miei risparmi in questi botti.

Magnum, Raudi e ogni sorta di fuoco d'artificio per i quali il confine tra legale e illegale risultasse pressoché labile, per usare un eufemismo…

Ricordo una signora, che per arrotondare lo stipendio aveva allestito in casa sua una ricca bancarella con la quale vendeva questi fuochi, ovviamente "illegalissimi" e in "nero", usanza a quel tempo molto diffusa. Parliamo di 30 anni fa! Chissà se ci sarà ancora…

Dovete pensare a un ragazzino che rientrava a casa felice per aver fatto un acquisto con i propri risparmi.

Inoltre, la considerazione dei botti Napoletani era all'apice a quel tempo. Potete quindi pensare all'entusiasmo dei miei amici, in trepida attesa che io arrivassi.

Non si trovavano dalle mie parti, e quindi era qualcosa di raro e unico. Mi divertivo un sacco a spararli con gli amici.

Ora, più di prima e con estrema sincerità, non comprendo più questa tradizione…

Così come, del resto, tutti quei soldi spesi inutilmente per questi fantomatici botti, sicuramente pericolosissimi e, giustamente, proibiti.

È chiaro e comprensibile che questo tipo di "divertimento", predominante nel genere maschile, non possa essere in alcun modo concepito: perché pericoloso, in modo particolare se non si ha la testa sulle spalle.

Sin dall'infanzia, ho avuto sempre un enorme rispetto di quelli che sono i limiti da dover mantenere, i confini da rispettare:

La NON Violenza, quella che mi sta tanto a cuore, AHIMSA nello Yoga; nello specifico il principio di vita che ha reso Ghandi... Mahatma (Grande Anima) Ghandi!

Ma andiamo con ordine, un passo alla volta...

Vorrei spiegarti il motivo per cui il messaggio di questa mia allieva racchiuda in sé tanta confusione e incomprensione sul significato di Non Violenza.

Il motivo è sì presto detto, ma necessita di un doveroso approfondimento: quello che segue è un ragionamento che ognuno dovrebbe fare a sé stesso, indipendentemente dal settore in cui si opera, dalle relazioni che si instaurano e dalle emozioni che si provano, giorno dopo giorno.

Prima di parlare, prima di giudicare, prima di apporre delle etichette quali "una persona come te".

(Ricordi che prima abbiamo parlato dello Stereotipo dello Yogi Perfetto?).

Ma su questo aspetto, su come lo Yoga NON Autentico abbia perso totalmente il vero significato di origine e abbia creato una massa di rammolliti, pronti a credere a qualsiasi stronzata gli venga detta dai media, che pensano di essere superiori perché fanno yoga e seguono la sua filosofia, ne parlerò meglio più avanti.

Prendiamo ora in esame la NON Violenza, Ahimsa.

Ecco una definizione:

Ahimsa è un termine sanscrito e fa riferimento alla non violenza e al rispetto per la vita. Significa "non uccidere", ma anche non causare sofferenza fisica o morale a nessun essere vivente, che sia attraverso i pensieri, le parole o le azioni.

Ahimsa è uno dei principi cardini di Yama, i principi morali da cui partire per vivere un'esistenza il più equilibrata possibile.

Ed è uno di quei principi che scatena sempre diverse controversie tra i partecipanti ai vari corsi d'Insegnanti di Yoga.

Come si fa, ad esempio, a non ferire una persona con i pensieri? Se io penso male di una persona, le sto facendo un torto e la sto ferendo?

Ci sono anche gli estremisti, che applicano in modo maniacale questo precetto.

Tornando ai botti, quelli illegali, è incontrovertibile il fatto che siano pericolosi, in particolare se utilizzati in città, in mezzo alla gente e tra gli animali.

Ma se i botti in questione fossero delle semplici "fontane", inermi da rumori assordanti ed esplosioni accecanti, e si limitassero a fare "un po' di scena", come la mettiamo? Dobbiamo ritenerli alla stessa stregua dei botti? Violenti e pericolosi in egual maniera?

Non credi che sia più VIOLENTO tenere un animale CHIUSO tra 4 mura, o peggio in gabbia, per tutta la vita per soddisfare il tuo Egoismo di "possedere" un animale, piuttosto che la sua "sofferenza" di qualche istante per due botti?

Pensi, forse, che i botti siano per te motivo di giustificazione per non sentirti in colpa per il fatto di tenere un animale chiuso in casa tutto il giorno?

Hai mai pensato che molti animali non sono fatti per essere chiusi tra 4 mura, ma la loro natura li porta a desiderare l'aria aperta?

Riflettiamo bene quando parliamo di violenza, quando sentiamo in televisione le stronzate che vengono dette al solo scopo di alzare gli ascolti.

Se ti definisci un animalista, un vegano, devi partire dal presupposto di comprendere una cosa: stai davvero rispettando la libertà di un animale?

Alzo il tiro e ti chiedo: se venissi a sapere che posseggo una pistola, mi etichetteresti immediatamente, senza se e senza ma, come un criminale?

Forse. Probabile. D'istinto, sarebbe questo il pensiero primordiale ad attraversarti la mente.

Ma chi conosce la "Verità" dei fatti?

La realtà, ai tuoi occhi, è nascosta, celata dalla maschera dell'istintività e dall'insieme delle credenze limitanti che la società ti ha inculcato nella testa.

Il motivo? Perché facciamo di tutta l'erba un fascio. Tendiamo a generalizzare, quando trattiamo di un determinato argomento; etichettiamo una persona a seconda di ciò che sentiamo e di ciò che ci viene inculcato.

Cataloghiamo un individuo per il gusto di sentirci superiori, per bollarlo come diverso e peggiore o migliore di noi.

Un frangente, questo, nel quale i nostri schemi mentali riescono ad avere purtroppo la meglio sulla realtà.

Giudichiamo senza sapere, senza conoscere l'essere umano di fronte a noi, facendoci costantemente prendere per il culo da tutte le fake news, dalle prime stronzate che leggiamo su internet.

Abboccare subito, senza un barlume di riflessione, ci rende degli allocchi, dei fessi inconsapevoli; ci porta a dubitare persino della nostra sagacia nel prendere decisioni.

Vorrei che il Vero YOGI Autentico fosse un altro individuo; un guerriero conscio di tutt'altra verità. Quella che vede con i suoi stessi occhi, che mette in pratica perché soggettiva e oggettiva allo stesso tempo.

Soggettiva, perché giudicata da noi stessi e non "per sentito dire". Oggettiva, perché inconfutabile, applicata e appurata. Non sentenziata per un lampo di sguardo che ti ha trasmesso unicamente dei dubbi.

Una società, intesa come un tutt'uno di individuo, che ci IMPONE costantemente la sua Autorità e ci sta privando, velocemente, di quella capacità innata che ognuno di noi dovrebbe avere: il discernimento.

Ragionare con la propria testa, saper discernere cosa è buono e cosa non lo è affatto. Conoscere davvero cosa sia VIOLENTO, cosa procuri davvero dolore alle persone e agli animali, e cosa invece no.

Non hai mai pensato di essere vittima della Paura che questa società, in determinati frangenti, ci impone di avere?

Non parlo di responsabilità o maturità, così come di consapevolezza nel vivere nella legalità, nel rispetto e nell'amore verso il prossimo. Parlo di circostanze.

La vera VIOLENZA è quella di impedire al bambino di ritornare bambino e giocare liberamente.

Quanta violenza ci facciamo ogni giorno?

A noi stessi: vittime degli schemi mentali, del Karma, dei blocchi emotivi che la nostra stessa società sembra imporci quotidianamente.

Questa è VIOLENZA.

Non sparare due fiammelle (no, non parlo di botti o petardi) nel quartiere atte a rallegrare con un po' di colore un mondo sempre più grigio e sbiadito.

Un mondo in cui si è perso completamente il CORAGGIO di fare qualcosa per cambiare sé stessi e le persone intorno a noi.

E, perché no, di tornare a vestire i panni dell'infante spensierato che c'è in noi. Per un attimo, per un solo istante...

Lo YOGA, quello non compreso appieno, quello "tanto per fare", può fare anche dei danni come in questo caso.

Credere ciecamente - senza poi approfondire realmente e razionalmente quanto leggiamo nella scrittura sacra e quanto ci viene detto - a quello che i media ci riferiscono, è sintomo di ingenuità, di poca consapevolezza.

Dobbiamo cercare di studiare i principi dello YOGA per poi applicarli nella vita di tutti i giorni.

Altrimenti rischiamo di pompare il nostro EGO arrivando a crederci migliori solo per il fatto di praticare Yoga o di mangiare Vegano...

E magari ci priviamo dell'opportunità di accendere due innocue fontane, mancando così di rispetto al nostro cuore, al bambino presente in ognuno di noi.

Lo YOGA Autentico, per il sottoscritto, rappresenta lo studio, la pratica e la sperimentazione, nella vita di tutti i giorni, di quei principi volti al miglioramento dell'individuo. Non solo agli occhi esterni, ma soprattutto all'individuo stesso.

Posso sbagliare, eccome se sbaglio. Cado ma mi rialzo, ricominciando da dove ho precedentemente fallito; senza credere fermamente al guru di turno, ma improntando la mia crescita e la mia evoluzione sulla mia esperienza.

Di uomo con tanti difetti, ma con l'innato desiderio di non scorgere alle spalle un passato colmo di rimpianti e rimorsi.

Rimpianti e rimorsi che subentrano anche quando si tratta di cibo. Sei d'accordo? Allora gira pagina…

L'Alimentazione Come Prezioso Strumento Yogico ed Evolutivo

Qual è la Dieta Migliore da Seguire? Vegana, Vegetariana, Carnivora, Crudista...?

Eh, l'alimentazione...

Abito scomodo, l'alimentazione, perché incastonato in un vortice di regole, morbose, inculcate senza alcuna comprensione, per le quali è necessario un certo approfondimento.

Si tende ad affiancare a una costante e puntuale pratica yogica un'alimentazione equilibrata, sana e sempre nei limiti.

Questo perché l'alimentazione comporta benefici non solo al fisico, al corpo, bensì alla mente e alla coscienza.

Rigidità e osservanza maniacale dell'alimentazione, però, limano in negativo questa affascinante abitudine.

E a cosa portano? A niente! Ho sottolineato in precedenza come il Cibo sia un dono di Dio. In quanto dono di Dio, non se ne deve privare.

L'alimentazione vegetariana guida assoluta verso la realizzazione spirituale... Chi lo dice?

Sai di cosa è morto Gautama Shakyamuni, lo storico Buddha?

Per un'indigestione da carne di porco[xii].

Questo per dirti come l'Evoluzione Spirituale e la Realizzazione non siano correlate in modo indissolubile con l'Alimentazione Vegetariana o Vegana.

E lo stesso Buddha, pur mangiando carne, non consigliava di uccidere gli animali o di mangiare la loro carne.

L'idea che esista un'alimentazione standard, per la quale l'individuo debba privarsi completamente di un alimento, è da accantonare.

Attenzione: ho parlato di rigidità... Non di limitazioni ed equilibrio.

Yogananda stesso scriveva in *"Autobiografia di uno Yogi"* come fosse importante dosare l'alimentazione con le dovute proporzioni: 60% frutta e verdura, 20% proteine e 20% carboidrati.

E aggiungeva di *"sostituire le uova con le mandorle e le bistecche con le noci"*. Più noci e meno cibi di origine animale.

Questo perché quando viene tolta la vita ad un animale, oltre alle tossine, la sua carne accumula tutte le emozioni provate dall'animale stesso, come la paura e la rabbia.

Chi si nutre di carne, di conseguenza, immagazzina questa negatività nella propria coscienza.

Un animale ucciso comporta un rilascio di vibrazioni di paura, rabbia e sofferenza che contaminano la carne.

La stessa che poi colma le nostre tavole.

Ma ciò non comporta che l'individuo debba privarsi in maniera imprescindibile dalla carne. Dosi, equilibrio e limiti da doversi porre per scoprire una simmetria interna, che accompagni la salita… verso un percorso in discesa!

Cosa voglio dire con questo? Che nulla va preso alla lettera. Non esiste qualcosa che debba prendere le sembianze di Costituzione a tutti gli effetti.

Ognuno persegue la propria strada… Bisogna mettersi però in testa che questo comporta una disciplina a cui va affiancata tanta forza di volontà, sfumata in equilibrio, sano e peculiare.

Io stesso sono la prova di come sperimentare sia fondamentale per comprendere fin dove possano giungere i nostri limiti.

Le esperienze, anche in ambito alimentare, supportano un'evoluzione personale e di vita, atta a capire quale percorso possa aiutare l'individuo nel perseguimento dei propri obiettivi.

Gira pagina e scopri come l'alimentazione si sia evoluta nel corso della mia esistenza.

Sei Quello che Mangi?
È Davvero Così?

P.S. Che dura Rinunciare alle Burrate Pugliesi!

Ho acquisito una certa esperienza in ambito alimentare. Non per motivi lavorativi. Semplicemente perché ho sperimentato in lungo e in largo.

E ne ho viste di tutti i colori, provando tutte le diete possibili e immaginabili, comprese quelle letteralmente senza senso (che evito di scrivere, perché me ne vergogno anche un po').

Ho fatto fioretti e digiuni, rinunce ed eccessi. Sono giunto a riflessioni frutto di un percorso alimentare – seguito anche da professionisti – durato la bellezza di un decennio.

In questo capitolo voglio infatti fare una volta per tutte chiarezza, soprattutto a me stesso. È pur sempre una mia personale esperienza, plasmata sulle orme dello Yoga.

È cominciato tutto per uno scopo ben preciso: non stavo affatto bene, la psoriasi di cui soffrivo mi tormentava sempre più; lo stress, a quei tempi, era ai massimi livelli, portando l'orticaria a non farmi chiudere occhio ogni santa notte.

Gli antistaminici, oramai, non mi procuravano più alcun beneficio. Il mio dermatologo non sapeva più come aiutarmi.

Ero agli albori della mia pratica yogica, quindi i miglioramenti ottenuti erano ancora limitati.

Non avevo preso ancora in considerazione l'aspetto alimentare.

Mangiavo da schifo, in quel periodo. Ne ero ben consapevole. I miei pasti erano prevalentemente a base di pizza, patatine, carne e tanta, troppa, pastasciutta.

Amavo la costata Ribeye di "Roadhouse", a tal punto da diventarne un assiduo cliente. Con la raccolta punti mangiavo persino gratis una volta a settimana. D'altronde, passandoci una sera sì e l'altra pure...

Anche la "Pizza a Pezzi" di Milano mi faceva impazzire (in realtà, me lo fa ancora...) e a pranzo era quasi tappa fissa tra "Spontini", "Rosso Pomodoro" e "Fratelli la Bufala". Frutta e verdura lontani anni luce dalla mia dieta.

Non mangiavo mai a casa, e per lavoro ero sempre in giro. Happy hour, cena al ristorante. Sgranocchiavo qualcosa qua e là, tra un incontro di lavoro e l'altro.

Insomma, non era mia abitudine "rubare" tempo al lavoro per donarlo al pranzo o alla cena.

Ad accendere in me un campanello d'allarme, se non ricordo male, è stato persino un servizio alle "Iene".

Era un periodo, quello, in cui la carne da un punto di vista mediatico aveva assunto vesti demoniache; sembrava fosse il male peggiore. O peggio, sembrava che tutti i mali del mondo avessero origine dalla carne.

Ogni giorno servizi, libri, notiziari di ogni genere promuovevano la dieta Vegana come la migliore in assoluto. All'avanguardia, il programma alimentare per eccellenza, per tornare a stare bene, oltre a far del bene ad altri esseri viventi.

E così ho deciso di testarla, di rivoluzionare la mia vita in tal senso.

Mi sono messo a leggere un'infinità di libri, ho chiesto consulenza a dietologi, a persone vegetariane e vegane, convincendomi che potesse essere la soluzione che vestisse meglio il sottoscritto.

Anche il glutine, come la carne, iniziava a essere demonizzato. Pur non essendo celiaco, attraverso particolari esami sono risultato comunque "sensibile" al glutine.

E ci può stare. Se ci pensi, il grano che viene utilizzato – e che, di conseguenza, colma i nostri alimenti – non è più autentico, perché subisce lavorazioni industriali tali da renderlo geneticamente modificato. Al cui interno, è presente un alto livello di glutine.

Cos'è il Glutine? Pensa a una colla che unisce in maniera poderosa due parti. Ecco, il glutine è come una colla che "incolla" tra loro le particelle, comportando fastidi all'intestino e divenendo un possibile fattore scatenante di ulteriori problemi e patologie.

Come sottolineato più volte, ciò che dico è frutto della mia esperienza. Prendi tutto ciò con le pinze, non come fosse un Vangelo o un Manuale storico e rinomato. Anzi, tutt'altro oserei dire…

Così come è altrettanto corretto che tu approfondisca personalmente.

Mi raccomando: fallo da fonti autentiche e autorevoli, cercando di non farti abbagliare da fantomatiche belle parole che celano esclusivi interessi commerciali!

Ad ogni modo, decido di cambiare le mie abitudini alimentari…

… E divento "Vegano Senza Glutine". Al bando anche latticini, alcolici e tutti quei prodotti che potessero nuocere anche solo minimamente alla pelle.

Decido però di farlo dopo il mio viaggio in Giappone. E puoi ben immaginare il motivo: volevo a tutti i costi provare la carne più buona del mondo: quella di Kobe.

Al mio rientro, grazie anche al supporto di Alessia, ho fatto "piazza pulita" da tutto ciò che fosse dannoso e tossico per il mio organismo.

E sono grato di aver al mio fianco una donna con l'intelligenza e la lungimiranza con le quali ha sostenuto questa mia decisione.

Perché non è affatto semplice, né scontato: adoro il cibo, mi piace da sempre mangiare bene. Sono sempre stato un buongustaio.

Sono pugliese, e ho sempre amato le orecchiette, la mozzarella, la burrata, le bombette e la carne di tutti i tipi, soprattutto arrosto.

La mia città natale, Martina Franca - come Cisternino e alcuni posti della Valle D'Itria – è rinomata proprio per la carne arrosto e per le bombette.

Se passi di lì, non puoi non approfittarne!

La decisione, ad ogni modo, era stata presa. In quel periodo, consideravo più importante la salute rispetto alla possibilità di togliermi un particolare sfizio.

Il momento più arduo, oltre a quello iniziale, era legato a ogni mio ritorno in Puglia, in mezzo agli affetti e alle amicizie.

Un caro saluto ai lunghissimi pranzi in famiglia; ai miei amici che mi invitavano a mangiare le bombette: "*E dai,*

Daniè! È da una vita che non le mangi, e mo' ti sei messo in testa questa cavolo di dieta…".

Ma io sono testardo, e loro lo sanno. Quando mi metto in testa una cosa, la perseguo fino al suo raggiungimento.

Ti lascio immaginare gli sguardi sbalorditi e delusi di ristoratori e camerieri nel momento stesso in cui ordinavo piatti senza senso, dai nomi quasi impronunciabili.

Immagina la scena: vai a mangiare in una macelleria (in Puglia ci sono le macellerie che sono diventate dei "fornelli pronti". In pratica ordini la carne, te la cuociono nel forno e te la mangi praticamente nel retro bottega. Un'esperienza autentica e davvero unica), e quando ordini ti prendi solo le patate al forno perché di "non animale" non c'è altro. Non potevo mangiarmi nemmeno la classica frisa pugliese con olio, pomodoro e origano… perché di grano duro, quindi contenente glutine.

Sacrilegio! Avranno pensato… Ma io ero pronto a tutto, e la paura del giudizio era ormai un lontano ricordo.

Non nego neppure il mio imbarazzo, le prime volte, nell'ordinare quelle stranezze. La sensazione che potessero pensare *"ecco il fighetto milanese che vuole sentirsi superiore a tutti…".*

La mia determinazione ad arrivare sino in fondo prevaleva su ogni cosa.

Anche sui dubbi e le domande che nei momenti di sconforto mi assalivano:

"L'alimentazione vegana e il glutine possono davvero migliorare l'orticaria e la psoriasi?".

"Esiste un particolare cibo che possa infastidire il mio organismo?"

Pur avendo studiato ed essendomi informato a dovere con professionisti del settore, nutrivo comunque un certo scetticismo.

AMO il cibo e AMO il cibo Italiano, lo AMO tutto. Pensa di lavorare con il desiderio; di doverlo sopprimere. Di cambiare le tue abitudini. Tutto questo necessita di un'immensa forza di volontà.

E ha funzionato! La mia pelle, in accompagnamento alle problematiche ad essa correlate, è migliorata.

L'orticaria è scomparsa, e ho smesso definitivamente di prendere antistaminici. La mia mente è divenuta più ricettiva. La vita stessa ne ha giovato.

Dopo 5 anni ho ripreso a mangiare il pesce, costatando come non mi creasse più problemi.

Dopo qualche tempo, ho ripreso a mangiare un po' tutto, carne compresa.

Ero entrato in possesso di una consapevolezza nuova: ho iniziato ad ascoltare con più serenità le richieste del mio corpo, senza concedere spazio alle esagerazioni di un tempo.

Siamo consapevoli, tutti noi, che il cibo può essere un modo per tappare alcuni buchi. Mangiamo non per fame, ma per desiderio.

Mangiamo perché, molte volte, siamo tristi e troviamo la nostra "presunta" felicità nel cibo.

Ringrazio davvero questo percorso, perché mi ha permesso di scoprire nuovi sapori, che non pensavo esistessero.

Non nego di sentire, in determinati casi, un senso di rigetto per la carne. Non solo non ne sento il bisogno, ma probabilmente, quando sono meno intossicato, sono conscio del fatto che mangiare carne non va bene.

Tant'è che quando con i miei allievi andiamo in ritiro l'alimentazione è vegetariana o vegana, a seconda della tipologia di ritiro svolto.

Ora, a distanza di anni, cerco di mantenermi in armonia. Di salvaguardare il mio equilibrio riducendo quanto possibile glutine e carne, dando la priorità ad alimenti più salutari, anche a km 0, alla frutta e all'olio della mia campagna natia.

E per questo ringrazio mio padre, Pasquale (Lino per gli amici), che praticamente da una vita, con tanto Amore, si prende cura della campagna, dei trulli, dell'orto, degli alberi da frutta e, in particolare, degli alberi di ulivo dai quali nasce l'olio per tutta la famiglia. E questo olio, per me, non ha prezzo.

Ho imparato una lezione di vita, l'ennesima dettata dalle esperienze vissute nel corso degli anni: di quanto l'abuso e l'eccesso vadano sempre evitati. Se non addirittura condannati.

Per non parlare dell'enorme potere del veleno di alcuni animali. È risaputo che, ad esempio, se utilizzato in piccole dosi, può assumere valenze curative.

Pensiamo a quello dello Scorpione Giallo Death Stalker[xiii], grazie al quale i ricercatori hanno estratto una proteina che assume un importante potere antidolorifico.

Ipotizzando, persino, possa aiutare a combattere il cancro. Di contro, però, il morso del suddetto scorpione può provocare la morte.

Oppure come la legalizzazione della Cannabis che, se assunta in modo intelligente, senza il principio di sballo - il THC - calma la mente e può comportare effetti positivi a tutto il nostro sistema.

A piccole dosi, con costanza, step by step. E lascia perdere le mode, le brutte abitudini, le diete senza un minimo di senso. Non farti ingannare da falsi maestri, da finti professionisti, dal miraggio del raggiungimento di un sogno in un lampo, senza sudare nemmeno una camicia.

Qualora volessi diventare Vegano, perché credi fortemente nei principi dello Yoga e della Non violenza, di Ahimsa, hai tutto il mio rispetto.

Cerca di capire se tu lo stia facendo per questo motivo e non per seguire la moda del momento. Solo ed esclusivamente per il desiderio di stare bene con la tua persona. Punto.

Lavora come ho fatto io: sul Desiderio. Conoscilo e apprezzalo sino in profondità. Cerca di comprendere cosa accade alla tua mente dopo un'abbuffata, la *pesantezza tamasica*[xiv] di una fiorentina che digerisci dopo due giorni…

Meditare dopo un'abbuffata non è per niente facile; l'energia è tutta nel terzo chakra, quello per la digestione.

Non essere sciocco, non essere vegano solo perché pratichi Yoga, perché te lo dice il tuo Guru o perché fa figo.

Nel mondo dello Yoga, molto spesso, si tende a identificare la dieta vegetariana come la migliore. Perché lo conferma la scienza, l'ha ribadito Veronesi per anni e anni.

Ma rifletti con me un attimo: se possiedi tanta energia, la spiegazione probabilmente è dettata dal fatto di avere un metabolismo corretto e una digestione efficiente.

L'alimentazione, nel tuo caso, potrebbe anche non essere un problema. Nel mio caso, dopo aver costruito una stabilità alimentare senza precedenti, pur meditando dopo i pasti – persino dopo un'abbuffata – la qualità e la profondità della mia meditazione non è cambiata. Per niente.

Un lustro fa sarebbe stato alquanto diverso. Anzi, era diverso: dopo ogni pasto, meditare per me era un peso enorme. Avvertivo il cibo come una super colla attaccatutto.

Ora ho più energia, donata dalle pratiche autentiche che coltivo da tanti anni. Di conseguenza, il "demone" del cibo non ha più potere di vittoria sul mio organismo.

Altrettanto chiaro, però, è il fatto che alcune pratiche di Asana, quelle più impegnative come le posizioni a testa in giù, comportino il fatto di dover star molto leggeri ai pasti.

Per concludere, l'ago (principale) della bilancia è sempre e solo uno: l'aumento della tua consapevolezza. In questo modo, cominci a essere padrone della tua stessa vita, accompagnandola con l'alimentazione adeguata al momento che stai vivendo.

Ciò che penso dopo questa esperienza, è che…

Il Cibo è un Dono di Dio. E Non Credo che Dio Voglia Privarci dei Piaceri della Vita. Altrimenti Rimarremmo Spirito... Che Non Può Gustare una Squisita Burrata Pugliese.

Sono convinto ci sia un giudice interiore presente in ognuno di noi, che sa cosa sia giusto e cosa no. Un giudice oggettivo, in grado di giudicare unanime sugli sbagli del nostro organismo.

Noi stessi, se vogliamo dirla tutta, siamo consapevoli di cosa sia meglio o peggio per noi. E questo accade quando facciamo pulizia, come ad esempio il digiuno. Ben vengano i momenti alternati di digiuno e di detox, così come di dieta vegana.

Ma non siamo sciocchi e superficiali, sviluppando rigidità e abitudini da cui uscirne sia quasi utopia. E lo ripeto, ancora una volta: se hai fatto voto, se desideri percorrere la strada di Ghandi della NON violenza, arrivando persino ad eliminare i sapori, non godendo più di alcun piacere, sei libero di farlo... Ma sii onesto con te stesso! Sii conscio del motivo che ti spinge a prendere scelte importanti, come quella di cambiare alimentazione.

Mi auguro che questo capitolo ti sia stato utile per schiarirti un po' le idee sulla tematica dell'Alimentazione.

Ora, restando in tema "Vita"... Qual è lo Scopo della Tua?

P.S. Prenditi tutta la calma di questo mondo per leggere con attenzione quanto segue.

Conosci lo
Scopo della Tua Vita?

Se pensi che siamo venuti sulla terra solo per pagare il mutuo, le bollette, lavorare, fare soldi e crescere i figli... Allora questo capitolo ti sarà molto utile!

"Scopo" deriva dal latino *scopus*, gr. σκοπός «bersaglio, scopo», cfr. σκοπέω e σκέπτομαι «guardare». Guardo dritto a me, immaginando prima e scrutando poi, con gli occhi colmi di speranza, in fondo alla via, il bersaglio. Ciò a cui miro con acme, con sommo desiderio.

Ricordi la frase con cui ho aperto le pagine di questo libro? Te la ripropongo:

"Lo scopo della vita è di essere liberi dalla sofferenza e di raggiungere una coscienza infinita di beatitudine".

Cit. Paramahansa Yogananda

Non la ripropongo così, a caso, per il gusto di colorare ulteriori pagine bianche. Il giorno in cui ho deciso di approfondire la questione relativa allo scopo della vita di ognuno di noi rispondeva ad una data ben precisa: domenica 7 marzo 2021.

Una data importante, simbolica, una data impressa nella memoria mia e di tutti coloro che hanno grande stima, riconoscenza e gratitudine per il Maestro, Paramahansa Yogananda.

E il 7 marzo è l'anniversario della sua non morte, del suo Mahāsamādhi[xv], della sua morte fisica o, come direbbero gli Yogi, il giorno in cui ha lasciato il corpo, sopraggiunta nel 1952.

Non entro nello specifico, non approfondisco tutto ciò che ha comportato la sua dipartita verso una nuova dimensione.

Mi soffermo solo su queste sue parole.

Perle di saggezza e ingrediente naturale di suggestive emozioni.

Per me, per te, per tutti noi.

Scopo, obiettivo, meta, destinazione. Sono tante le sfumature ad esse correlate. Unico l'esito, il compimento finale.

È altrettanto vero, però, che la melodia delle parole che Yogananda ha saputo donarci non è fine a sé stessa, bensì realizzata da saperi con fondamenta e specificità proprie.

Liberarsi dalle sofferenze e raggiungere una coscienza infinita di beatitudine non possono che essere mete predilette di ogni uomo in vita.

Qualunque sia il percorso intrapreso. Qualunque sia il cammino della vita a cui si è sottoposti.

Indipendentemente dagli ostacoli che si frappongono tra te e il risultato finale.

Indipendentemente da tutti quei limiti che sopraggiungono inaspettati, tratta dopo tratta.

Un viaggio che necessita di un impegno non comune. Le persone non raggiungono una serenità d'animo così dal nulla.

La Dea Bendata, se non in casi chimerici, non accompagna ogni itinerario senza che perseveranza, qualità e forza di volontà prendano il sopravvento.

Le discipline autentiche sono il mezzo, lo strumento messo in atto per indirizzare la strada. Come fosse un dispositivo, un arnese.

Con la differenza di non essere un oggetto, ma un modus operandi.

Uno stile di vita, quotidiano.

Un'abitudine, a cui è difficile poi sottrarsi per i benefici che apporta.

A cui non ci si vuole più sottrarre, perché autentici, risolutivi e determinanti.

Ma fai ben attenzione!

Lo Scopo non è unico, unitario, ma va analizzato in duplice veste.

Esteriore e Interiore, come ci spiega Eckart Tolle nel suo Libro *"Il Potere di Adesso"* .

Scopo Esteriore o Secondario

Lo Scopo Esteriore è quello che direziona la nostra Vita in tutto quello che facciamo. È legato al "Fare" e risponde alle seguenti domande:

Perché Faccio questo Lavoro? Per Pagare Mutuo e Bollette? Sono Felice di ciò che Faccio? Ho Tempo per la Mia Crescita?

Pensiamo a quante persone lavorano esclusivamente per portarsi a casa lo stipendio, senza donare valore aggiunto a loro stesse.

Perché è definito come scopo "secondario"? Perché di valenza inferiore, perché muta nel tempo e varia a seconda degli ostacoli che si frappongono tra te e la vita stessa. Non dovrebbe essere prioritario.

Ma la realtà, se ci pensi un attimo, è ben diversa: molti inseguono il successo esteriore, inteso come fama, fare carriera, diventare milionario, credendo che lì si possa trovare la felicità.

Jim Carrey, attore e uomo di estremo successo, ma anche di un certo spessore spirituale, una volta in un'intervista durante la *New York Fashion Week* del 2017, ha dichiarato:

"Spero che tutti possano diventare ricchi e famosi ed avere tutto quello che hanno sempre sognato, così scopriranno che quella non è la risposta che stavano cercando".

La risposta a questo è nello…

Scopo Interiore o Primario

L'individuo, se ti fermi a riflettere, tende quindi ad elargire maggior importanza a ciò che va fatto, trascurando ciò che dovrebbe avere la priorità: l'Essere.

Lo Scopo Interiore fa invece riferimento al nostro Essere e risponde alle seguenti domande:

Chi Sono? Perché Sono Qui? Quali Sono i Miei Valori?

A differenza di quello Esteriore, lo Scopo Interiore non cambia nel tempo, non muta pelle con il passare degli anni.

È quello a cui tutti noi, anche inconsciamente, aspiriamo. Desideriamo essere felici, ma ci limitiamo a trovare la felicità mediante aspetti esterni, esteriori, come ad esempio il lavoro, le relazioni e le dipendenze.

Elton John, nel film "Rocketman" del 2019, ha raccontato le sue dipendenze da alcol e droghe, e di come, attraverso la sua espressività, la sua arte, la musica, celasse il suo vero scopo primario, ovvero l'amore verso i suoi genitori. Un amore però mal corrisposto, a cui il famoso cantante ha sempre realmente aspirato.

E, se fai un'ulteriore ricerca, scoprirai che ci sono state persone di estremo successo, come ad esempio Steve Jobs, George Harrison, Russell Simmons (uno dei tre inventori dell'Hip Hop americano) che hanno tratto ispirazione dal Maestro Yogananda, probabilmente perché arrivati a un punto della loro vita in cui hanno compreso che lo Scopo Esteriore non stava donando loro quello che il loro Essere cercava ormai da tempo:

Aspirare alla Vera Felicità, quella Autentica, quella dell'Essere, quella che non ha bisogno di aiuti dall'esterno.

E credo che la chiave per vivere una vita serena sia proprio questo.

Credo che il Segreto per Vivere una Vita di Successo sia quello di Allineare lo Scopo Interiore con lo Scopo Esteriore.

Yoga e Meditazione in veste Autentica sono il mezzo per raggiungere il fine. Sono il tramite attraverso il quale ricongiungersi con la propria interiorità. Svestendo la persona della sua maschera.

"Si può dire che consentano di ritrovare sé stessi?" mi ha chiesto una volta un mio allievo.

La risposta è SÌ, ma a una condizione: che ti sia perso, che abbia già mancato il bivio che porta alla realizzazione. In alternativa, non è un ritrovamento…

… Ma un'eccezionale scoperta. La Tua!

E come fare per avvicinarci allo Scopo Interiore? Con la Meditazione in veste Autentica. Solo così avrai l'opportunità di conoscere te stesso.

Di conoscerti a fondo, di venire a sapere, mediante la pratica costante, qual è la tua Vocazione Reale.

E ne rimarrai piacevolmente sorpreso...

Come "Rubare" una Laurea in Ingegneria Meccanica del Proprio Corpo, della Propria Mente e della Propria Anima

Ora ti Spiego nel Dettaglio Come Fare a Essere il Meccanico N.1 della Tua Ferrari (e Guidarla a 300 km/h in Autostrada Prendendo Tutte le Multe, che poi Ovviamente NON Pagherai!)

Per saper guidare un'automobile non è necessario conoscere il funzionamento del suo motore, giusto?

Eppure, ci sono tanti modi per guidarla.

Potresti essere una persona che, come me, utilizza l'auto per andare da A a B; oppure un pilota che la usa alla massima potenza; oppure ancora un meccanico che ha una grande passione per il funzionamento della stessa, smontandola e rimontandola in un'infinità di pezzi, come fosse un puzzle.

Lo Yoga e l'Automobile hanno molto in comune. Molto più di quanto ci si immagini.

L'esempio dell'autovettura calza a pennello con quanto sto per dirti: con la pratica costante dell'Hatha Yoga – ovvero quella messa in atto quotidianamente – si osserva sempre più da vicino il proprio corpo fisico.

Si comincia a comprendere il funzionamento del corpo fisico e di come funzionino alcuni meccanismi interni (lasciamo da parte, per un istante, il corpo emotivo e spirituale).

Inizi a capire, ad esempio, come lavorano i muscoli, i legamenti: il meraviglioso e articolato sistema, che si chiama Corpo Umano, da un'altra angolazione.

A differenza dell'automobile, che va guidata solo dopo essere entrato in possesso della Patente, con lo Yoga non serve essere patentato, così come essere un pilota o un meccanico.

Ma la cosa bella della pratica yogica è che ti consente di diventare un Pilota e anche un Meccanico…

Senza neppure volerlo!

Praticando con costanza, le suggestioni nei confronti di te stesso iniziano a farti brillare gli occhi. Ad aumentare è la consapevolezza che hai del tuo corpo fisico. Una cognizione tale da consentirti di "smontarti" e "rimontarti" a tuo piacimento.

Piano piano, inizia a instaurarsi in te la convinzione di sapere cosa sia meglio per te. Comprendere cosa invece possa risultare dannoso. A breve o lungo termine, non importa.

La stanchezza passa da essere solo flebile percezione a irreversibile persuasione. Ovvero arriverai a sentire il tuo corpo a tal punto da sapere che certe Asana, certe posizioni, magari è meglio non farle quel giorno, oppure le cominci a fare diversamente, in modo che le posizioni si adattino al tuo stato fisico ed emotivo della giornata.

É come se stessi facendo l'Amore mentre fai Yoga, entrando in uno stato di intensa comunione con tutto il tuo corpo.

Come un pilota è consapevole di dover rallentare prima di una curva, altrimenti rischia di sbandare e di farsi male, allora tu saprai quando e dove rallentare nella tua pratica, ottenendo benefici incredibili e, al tempo stesso, ridurre al minimo il rischio di farti male.

Questo è uno dei grandi doni dell'Hatha Yoga e delle pratiche Yogiche in generale. Con l'aumentare della consapevolezza del tuo corpo fisico, e dei rispettivi limiti, riuscirai a goderti di più la vita.

Prendersi cura della propria automobile è fondamentale, così come eseguire una determinata manutenzione su di essa.

Vedila come la vedo io: la pratica yogica come un tagliando che esegui sul tuo sistema.

Questo permette di incrementarne la durata, ovvero di vivere più a lungo e nel miglior modo possibile.

Non sono leggende metropolitane quelle che narrano di grandi Yogi ultracentenari, che sembrano non invecchiare mai.

Nella storia recente, una yogina degna di nota è stata sicuramente l'insegnante di yoga Tao Porchon-Lynch[xvi]. Nata nel 1918, il 23 febbraio 2020, Tao ha lasciato il suo corpo alla "tenera" età di 101 anni.

La sua storia ha dell'incredibile: ha continuato a praticare yoga, a meditare e ad insegnare costantemente, tutti i santi giorni.

Un motivo in più, questo, per curare a dovere il proprio corpo fisico. E nella nostra scuola, Authentic Yoga Milano, ci prendiamo costantemente cura del nostro corpo fisico.

Si dice che il corpo sia il Tempio dell'Anima.

Prendendocene cura, consentiamo allo Spirito di manifestarsi e di godere di tutte le bellezze della sua creazione.

Tutto questo non è immediato e istantaneo. Implica la dedica prolungata di tempo e risorse. Le stesse che, ad esempio, destiniamo alla nostra autovettura.

La domenica, quando ho un attimo e c'è il sole, vado a lavare la mia auto. La inserisco nel rullo e tac... Dopo 5 minuti è come nuova.

In molti, invece, passano le ore a lavarla; se ne prendono cura asciugandola, levigandola e lustrandola, passandoci un'intera giornata.

Mi chiedo se tante di queste persone si prendano cura di sé stessi così come fanno per la loro macchina.

La risposta, purtroppo, in molti casi è NO.

E mi chiedo: perché? È più importante la tua auto del tuo corpo?

Se solo potessimo comprendere davvero quanto tempo sprechiamo, tutti noi potremmo *"Laurearci"* in Ingegneria *Meccanica del Corpo e dell'Anima.*

Quindi cosa fare?

Cominciare!

Oggi, Non Domani. Non Quando ci Sarà il Sole. Non Quando Avrai Voglia. Comincia Subito!

Ci dev'essere un inizio, un punto di partenza.

"Let's Start!" direbbero gli inglesi...

Trova un bravo insegnante e comincia. Lascia perdere il self service. Lascia perdere i video su Youtube. Trova una scuola seria dove poter praticare.

Seppur l'online possa essere utile in una determinata fase (come in lockdown per la pandemia, durante la quale non esistono alternative), le pratiche autentiche necessitano sempre e comunque della relazione allievo-maestro.

Cosa che online risulterebbe alquanto difficile, se non impossibile...

Comincia dunque a praticare, a sperimentare i benefici anche minimi che comporta la cura di te stesso.

Vedila così: la tua Auto ha - sì e no - 10 anni di vita, se trattata con cura. La tua "Auto" fisica può vivere anche 100 anni.

Ma se trattata male, ricordati che non ne hai una di riserva. Nemmeno tutti i soldi di questo mondo ti consentiranno di riavere indietro ciò che Dio ti ha donato.

Ecco perché una pratica dinamica di Hatha Yoga è un'ottima soluzione per prendersi cura e incrementare le performance della proprio auto fisica.

Intendiamoci: non voglio dare per scontato che sia semplice sin dagli albori. Anzi, all'inizio la pratica potrebbe risultare anche estenuante. D'altronde, ogni nuova esperienza è accompagnata da doverosi e iniziali ostacoli.

"Ma non è noioso?". Una delle domande che mi viene posta da chi ha la curiosità di iniziare ma ha paura di annoiarsi. Vige il luogo comune dello Yoga come disciplina statica.

Niente di più falso! Lo Yoga dona un'elasticità tale da poterne giovare nella vita di tutti i giorni.

Nello Yoga vengono effettuate posizioni che solo con il tempo, la costanza, la perseveranza e la pratica si riescono a padroneggiare.

La possibilità di riuscire a eseguirle al meglio, in maniera completa, dona all'allievo un'energia, una voglia di testare i propri limiti che non ha eguali.

Diversi sono gli allievi che si meravigliano del fatto che, nella realtà, lo Yoga dinamico può risultare una pratica fisica molto tosta.

Inoltre, è importante accantonare l'idea che lo Yoga sia una disciplina per "femminucce". Luogo comune che, nel 2021, non dovrebbe nemmeno passare minimamente per la testa. Luogo comune dai risvolti misogini e bigotti.

Tutto, troppo retrò per essere vero…

Il mondo, per nostra fortuna, si sta evolvendo. Sta oltrepassando, e di gran lunga, tutti quei falsi miti, tutti quei vetusti e beceri luoghi comuni che limitano il desiderio di provare e saggiare le bellezze e le speciali sfumature che la vita ci riserva, arrivando a raggiungere una propria serenità.

Solo per il fatto che essi stessi, agli occhi della società, possano risultare strambi, anomali, non conformi al genere e al sesso.

Alla mentalità che, mummificata, osserva tutti dall'alto della sua (fantomatica?!) tradizionale "costituzione".

Banalità assurde, baggianate senza che, alla base, vi siano motivi validi per ritenere di doverle prendere davvero in considerazione.

Bando alle ciance, la vita è bella perché varia; perché costituente di una moltitudine di possibilità da testare e assaggiare.

Per poi giudicarle. Solo così si può motivare una scelta. Quindi, se non hai mai praticato Yoga, allora prova una bella lezione dinamica.

Oh, magari non arrivi alla fine della classe, eh! Ci sta, però hai tentato. C'hai provato. E non avrai alcun rimpianto.

Oppure, magari, arriverai a "laurearti", e vorrai continuare. E continuare ancora, perché non ti basta mai…

Ti auguro che tu possa Laurearti.

Forse sarà la migliore Laurea che tu possa prenderti e che – te lo dice un laureato - probabilmente questo "diploma" di Laurea in Yoga possa divenire quello con più valore per te.

Un mio augurio, personale. Così come accaduto a me. Da un semplice consiglio, quello di un amico, preso alla lettera per pura curiosità…

… A uno stile di vita da non cambiare con nessun altro.

Adesso sorridi e rilassati: ci attende un spunto, limpido, su come un "Ritiro di Yoga in Montagna" possa apportare un reale impatto sulla tua crescita.

Sì, hai letto bene. Ritiro in montagna. Curioso, vero? Allora prosegui nella lettura.

Il Potere Trasformante di un Ritiro Yoga in Montagna!

(Ovvero, Quando è Fondamentale "Staccare" la Spina per "Cominciare" a Essere Sé Stessi)

Sono innamorato dello Yoga, letteralmente. Oramai, a questo punto del libro, l'avrai intuito...

Mi sono preso un'imponente infatuazione sin dagli albori. Cupido e la sua fantomatica freccia sono riusciti (nuovamente) in questo intento.

Mentirei se dicessi di non esserne stato piacevolmente sorpreso. Un colpo di fulmine a prima vista, che ha trasmesso al mio essere una suggestione emozionale senza precedenti.

Come una droga, passami il termine, della quale non riuscir più a fare a meno. Una dipendenza dalle sfumature della felicità. Ma non v'è nulla di male, perché lo yoga e la meditazione sono "sostanze" purificatrici, "medicine" del bene.

Il supporto, l'aiuto che hanno saputo donarmi non ha alcun paragone nella quotidianità e nella vita.

Ma sai com'è sbocciato questo amore?

Grazie ad un Ritiro! Proprio così, grazie esclusivamente ad un ritiro.

Cos'è un "Ritiro di Yoga"?

Non pensare, nell'immediato, al solo e unico ritiro spirituale. Termine, questo, che identifica tutto e niente. Spesso soggetto di dubbi e perplessità, ha una valenza e una serietà che pochi, purtroppo, hanno la capacità di comprendere.

Chiamato anche residenziale, il ritiro di yoga è una specie di vacanza, di soggiorno che si celebra in mezzo alla natura.

In termini pratici: svago, momenti di mero relax staccando completamente la testa da tutto ciò che turba i nostri pensieri.

Hai presente quando arrivi da un lungo periodo di lavoro, estenuante e frenetico? Torni a casa la sera, sbuffando, con la speranza di svegliarti la mattina successiva dall'altra parte del mondo?

A chi non è capitato? Ebbene, non serve bramare i caraibi per ritrovare pace e serenità, basta cambiare aria. E il ritiro serve a questo.

Di solito basta rifugiarsi in Montagna, luogo prediletto per staccare dalla routine quotidiana, dai forsennati ritmi cittadini.

Il Ritiro può variare dai 3-4 giorni, arrivando a durare persino due settimane.

Si pratica Yoga, si fa Meditazione, si cammina per la natura, si fa il bagno nell'acqua della sorgente; si chiacchiera, ci si scambiano opinioni ed esperienze...

E lo si fa in un luogo magico, lontano da tutto e da tutti. Un posto in cui il silenzio e i suoni della natura la fanno da padrone, riversando su ognuno di noi un'aura di serenità senza eguali, immersi nella creazione più pura donata all'uomo. Il quale, ahinoi, non ha la capacità di preservarne lucentezza e innati pregi che la natura sa offrirci.

Un dettaglio, poi, dona ulteriore importanza a questa avventura: il fatto di essere in gruppo, a contatto con persone che condividono gli stessi interessi.

Ossia uomini e donne che scrutano il mondo dalla stessa prospettiva; che affondano il pensiero sulle medesime basi.

Persone con il desiderio di confrontarsi senza pregiudizi e senza remore; senza il timore e la paura di non sentirsi a proprio agio perché giudicati o, semplicemente, guardati dall'alto verso il basso.

La possibilità, per ognuno di noi, di esternare qualsivoglia motivo per "cominciare" a essere Sé stesso.

Sì, perché il fine è quello di vivere, tornare a vivere la felicità, quella pura, che ci spetta di diritto.

"Cominciare a essere Sé stessi": prerogativa sulla via della felicità. Ricordi?

Per iniziare e comprendere il proprio "io", delle volte, risulta significativo conoscere le persone che ci circondano. Uomini e donne con cui abbiamo intavolato una relazione, qualunque essa sia.

Penso ad esempio ai tanti allievi della mia scuola, che hanno piacere di conoscersi tra di loro, ma per via della frenetica Milano e del poco tempo a disposizione non ne hanno il modo.

Ho potuto vedere sbocciare tantissime nuove amicizie tra i miei allievi, createsi proprio grazie a questi ritiri: amicizie genuine, autentiche, mosse davvero dallo spirito di fratellanza che risulta difficile coltivare in momenti nefasti della giornata quotidiana.

Insomma, il ritiro permette anche questo. Estrae quello che, giorno dopo giorno, facciamo fatica a palesare agli occhi di chi ci guarda: ovvero, noi stessi!

Il ritiro è un incanto, qualcosa di fatato. Un'esperienza, unica, che ogni praticante dovrebbe svolgere con costante regolarità.

Se incuriosito, alcuni dei ritiri svolti in passato sono ricordi stesi, in tutto il loro splendore, in una galleria fotografica sul sito della nostra scuola, AuthenticYoga.it, immortalati per strappare un sorriso, anche malinconico, ai partecipanti.

Ma perché il primo ritiro è stata per me una svolta? Ora te lo racconto.

Avevo da poco rivoluzionato la mia vita, lavorativamente parlando: da Dipendente a Imprenditore!

Un salto nel vuoto, letteralmente. Pensa, da un giorno con l'altro, di mutare radicalmente la tua esistenza. Dal posto fisso con un bel contratto a tempo indeterminato, a un'avventura a "scatola chiusa", non sapendo cosa possa esserci all'orizzonte.

Non ti nascondo, e puoi benissimo immaginarlo, quanto questa traversata sia stata destabilizzante.

Lasciavo da parte la certezza per entrare in una strada ignota, il cui contenuto era costituito dall'incertezza più totale.

Saldo. Ben saldo nella mia mente e nel mio cuore, come solide fondamenta di una casa colma di affetto, il mio desiderio d'ambizione.

Di spiccare il volo, di ritenermi libero e realizzato.

In questo mio percorso di forte trasformazione, che credo possa riguardare tante persone come me, a un certo punto, si è palesato lo Yoga.

Il mio socio di allora mi convinse a provare questa disciplina, per me nuova e sconosciuta: Ashtanga Yoga.

Dopo solo qualche settimana di pratica, se non ricordo male cominciata nel mese di Giugno, la scuola organizzava a luglio il suo consueto ritiro annuale.

Senza capire ancora un accidenti dello Yoga e di cosa significasse realmente, io e il mio socio decidemmo, senza esitazioni, di fiondarci in questa nuova esperienza: una settimana intensa di Yoga.

Pensa: full immersion di questa disciplina senza nemmeno conoscerla, e alla domanda "cos'è lo yoga?" non avrei saputo aprir bocca…

Eravamo due pezzi di legno: l'Ashtanga, che è risaputo essere una pratica fisicamente molto tosta, in particolare se svolta secondo la tradizione di K. Patthabi Jois, da risultare molto provocatoria per dei principianti.

A venirmi in soccorso, all'epoca, è stato un mix di forza di volontà, ego e orgoglio, rilevanti peculiarità del mio essere di un tempo, a tal punto da non mollare davanti ai primi dolori, fisici e non, e di fronte ai dubbi più accesi.

Mentre lo scrivo, i ricordi si fanno sempre più chiari e contornati. Mi strappano un sorriso, ripensando a quel frangente…

… Eccoli lì, due neofiti allo sbando nel mondo dello Yoga, decisi a fare questa nuova esperienza. Due matti, due "senza capa", un siciliano e un pugliese, ben determinati però a cambiare vita, a donare brio alla propria esistenza.

Tra le montagne: sveglia alle 5:00 per iniziare una giornata dai tratti molto monastici, eremiti.

Giorni riempiti dalla pratica e dal silenzio. Pranzi leggeri, tendenti al vegano. Una cucina totalmente nuova per il sottoscritto, un mangiare che non sapeva di niente o quasi.

Abituato a sfondarmi di mozzarelle e burrate pugliesi, passare di botto a una cucina che di cucina non aveva molto... beh, non è semplice.

Sia chiaro: parliamo ovviamente di diversi anni fa. Di una cucina ancora quasi sconosciuta, che non era cosi sofisticata come oggi. Oramai tutti possono trovare sapore nella cucina vegana, ma una volta ti assicuro che non era così.

Tenace e in possesso di forza di volontà, ciò di cui necessitavo per effettuare un cambiamento così notevole, seppur si parli di una settimana.

Un inferno. Ecco ciò che sono stati i primi 2 giorni di ritiro per il sottoscritto. Non ho dormito la notte. In tanti nella stessa camera, con il mio socio a russare peggio di un trattore...

Certo, purtroppo ho un sonno molto leggero, per questo basta veramente poco per riaprire gli occhi. E sì, preferisco dormire in una stanza singola durante i ritiri.

Ma, d'altronde, si è deciso di partecipare da un momento con l'altro, senza pensarci su. Erano rimasti gli ultimi posti.

Tradotto: mi sono accontentato di condividere la stanza con altre persone, socio compreso.

Il 3° giorno, se non proprio l'inferno, ci siamo andati molto vicini.

Le pratiche erano molto intense; fisicamente eravamo distrutti. Ricordo che ogni muscolo del mio corpo chiedeva sommessamente pietà.

L'acido lattico era speranzoso di poter sgorgare come copioso liquido. Come un cane in gabbia, in trepida speranza di poter uscire, dopo un mese costretto in cattività.

Fiumi di dolore turbavano le mie ore in quei frangenti. Praticavamo almeno due volte al giorno, con una serie completa.

Ma la stanchezza più granitica da valicare era quella emotiva: la mente era scombussolata, calpestata da una miriade di pensieri. Il poco sonno, poi, ci metteva del suo.

Sinceramente, la mia aspettativa iniziale era ben diversa, pur essendo stato messo in guardia dagli insegnanti.

Non ho mollato, per nessuna ragione.

Siamo scesi in paese, e ho iniziato a pensare a come limare i problemi quotidiani. Ho comprato i tappi per le orecchie e, la terza notte, ho dormito come un ghiro.

Il 4° giorno è stato quello del cambiamento, della graduale ripresa.

Ma, soprattutto, è stato il giorno in cui mi sono innamorato dello Yoga.

Non so descrivere cosa stesse accadendo dentro di me: la stanchezza, lo scazzo, il cibo vegano, la purificazione ecc... Non lo so.

Sta di fatto che, dopo la pratica del 4° giorno, il ricordo è accompagnato da un sorriso sempre più acceso e smagliante.

Avevo appena finito di praticare e, seppur stanco, mi sono preso un attimo per me stesso: seduto fuori, da solo, lontano da tutti.

Ancora non meditavo, non ne conoscevo né il modus operandi né le tecniche, così come i benefici. Ero semplicemente seduto a osservare il vuoto, le montagne dinnanzi a me.

Ed è stato proprio in quell'istante che ho provato una sensazione istintiva di gioia e pace.

Non lo so spiegare bene, fino in fondo.

Ricordo solo che è stato un attimo: un barlume di spensieratezza che non dimenticherò mai.

Rimembro la gratitudine e la serenità di quegli istanti; la pace che il mio Essere stava attraversando.

Potrei forse dire di aver vissuto un frangente di illuminazione, nel quale fatica e dolori andavano via via scemando.

Ero davvero lì, presente, al 100%, con quell'energia e con quell'armonia che la pratica mi ha saputo elargire.

Lo rammento davvero bene a tal punto da capire, in quell'istante, che lo Yoga sarebbe diventato parte integrante della mia vita.

Mai avrei pensato di diventare persino Insegnante, seppur consapevole di voler percorrere quella strada con il massimo impegno, con la miglior dedizione possibile.

E tutto grazie a quel Ritiro. Il Primo. Quello a cui ho partecipato senza consapevolezza. Senza sapere a cosa stessi andando incontro. Con me avevo solo il coraggio di voler seguire il mio cuore, di ascoltare la fiducia del mio socio (che ringrazio), avvertendo quell'occasione come il "giro di boa", il punto di svolta. Vera e propria.

Forse, senza quel primo ritiro, non sarei qua. E, quasi certamente, non starei scrivendo questo libro.

Da allora ne sono susseguiti diversi, di ritiri. Alcuni in qualità di allievo, altri in veste di insegnante.

E una peculiarità che traspare da ogni ritiro è l'attrazione energetica, la connessione anche mistica che si crea tra i miei allievi.

Tutto questo in pochi giorni. Fantastico! Quasi inaspettato, se devo essere completamente sincero. Ma c'è un motivo di fondo se questo è accaduto, accade e accadrà in futuro: perché sono esperienze inattese, i ritiri, la cui genesi si sviluppa con la pratica. In maniera quasi istintiva e involontaria.

È molto più semplice avere un'esperienza trasformante di questo tipo, un'esperienza mistica, di presenza, di piena consapevolezza, di Essere Sé Stessi, proprio durante un Ritiro.

In sintesi, posso provare a riassumerti i motivi principali per cui, secondo la mia esperienza, questo cambiamento di consapevolezza avviene con molta più probabilità in un ritiro. Questo perché c'è:

- ✓ L'energia della classe.

- ✓ L'energia del luogo in cui vengono svolti i ritiri (in quella stessa sala hanno già praticato migliaia di persone e l'energia resta in loco).

- ✓ L'energia dell'insegnante, al servizio dei suoi allievi.
- ✓ L'energia della natura, della montagna, dell'aria in quota.
- ✓ La pace e la tranquillità emanate dalla natura stessa.
- ✓ La corretta alimentazione.
- ✓ Lo stare soli con sé stessi, senza pensare ai problemi di vita quotidiana.
- ✓ La convivialità che si crea con gli altri praticanti.
- ✓ Il divertimento e i momenti di enfasi spirituale.
- ✓ Le benedizioni della grazia "divina", ossia l'energia, molto favorevole, in quei contesti in cui sono presenti anime allineate per uno scopo comune evolutivo.

Ciò che scrivo, non ha origine da ipotesi o congiunture astrali campate per aria. Nutro profonda consapevolezza in quello che dico, proprio perché testata e definita sulla mia pelle, direttamente dalla mia esperienza.

Ho visto moltissimi allievi che, durante un ritiro, hanno ottenuto enormi benefici per la propria evoluzione interiore.

Ecco perché sono sincero con te: vorrei far provare questa esperienza al maggior numero di persone possibile, perché ho la ferma convinzione che ogni persona possa trarne benefici.

I ritiri organizzati in Authentic Yoga hanno una loro peculiarità, una loro funzione prediletta. Non è un caso che io abbia deciso di approfondirli e perfezionarli.

Ci prenderemo cura, insieme, della cosa più importante che hai: TE Stesso!

Ovvero quel particolare della tua esistenza che non può essere delegata agli altri: parliamo del tuo benessere psicofisico, della tua salute quotidiana.

Lo faremo, insieme, mediante le potenti pratiche Yoga, le Meditazioni, i seminari e i satsang[xvii], disintossicandoci dai cattivi alimenti che compongono i nostri pasti, sostituendoli con del sano cibo vegetariano e con prodotti biologici.

Non è mia intenzione obbligare nessuno a modificare le proprie abitudini, eh. Parlo semplicemente di una disintossicazione di breve periodo. Fidati, fa solo che bene al nostro organismo!

Coltiveremo la consapevolezza dell'essere presente, del nostro io, grazie alla pratica del trekking tra vari percorsi di montagna.

Non solo, ci saranno ulteriori pratiche per consentire di coltivare la presenza e far emergere il nostro Sé Autentico.

Inoltre, durante il ritiro, molti Satsang e Seminari ci permetteranno un confronto sulle tematiche legate alla Crescita Personale e Interiore.

Con la possibilità di fare domande, analizzando insieme la Teoria e la Filosofia Yoga in modo da fare chiarezza e prendere così consapevolezza del vero significato di questa potente arte, scienza, disciplina e stile di vita: lo Yoga.

Devi infatti sapere che...

... MOLTE PERSONE SONO ANCORA CONVINTE CHE LO YOGA SIA SOLO UNA PRATICA FISICA

Toglitelo dalla testa! Questo è un concetto totalmente sbagliato. Parziale, oltre che inesatto: nonostante le Asana (le "posizioni") siano da ritenersi comunque importanti...

... Lo Yoga "Autentico" è una vera e propria Scienza millenaria che permette di Lavorare a 360° non solo sul corpo fisico, ma soprattutto sulla mente, sulle emozioni e sullo spirito, in modo da permettere all'Essere di (ri)trovare quello stato di felicità celato in ognuno di noi.

Ma ne parleremo insieme in modo approfondito, qualora desiderassi farne parte, durante i diversi ritiri che vengono spesso organizzati.

Ci tengo a sottolineare...

Che il ritiro sarà un percorso che ti porterà a vivere una vera e propria esperienza di crescita...

Tutte le mattine sveglia presto per cominciare le pratiche di risveglio energetico, consentendo così al Prana di circolare più liberamente.

Ci immergeremo sin da subito nella vera essenza della Meditazione, che sarà inizialmente guidata, allo scopo di permettere anche ai principianti di poter cominciare a praticare correttamente.

Questo ti consentirà di imparare un metodo che potrai utilizzare, qualora lo vorrai, anche successivamente al ritiro, in autonomia tra le mura domestiche.

Effettueremo diverse pratiche Yoga, su stili diversi, sperimentando le differenze che incidono sul tuo sistema e dedicando particolare attenzione ai diversi Pranayama, utili per cominciare così a respirare correttamente; giovevoli a incrementare la capacità respiratoria... e allungare la vita!

Interessante, vero?

A questo scopo, desidero condividere con te quelli che sono i...

… 5 MOTIVI PER CUI DOVRESTI PARTECIPARE:

✓ Per coltivare quell'aspetto di te che deve venire in superficie, ma non sai come "farlo emergere".

✓ Per incrementare la tua carica vitale e la tua energia, affrontando la quotidianità ai massimi livelli, apportando salute e benessere al tuo essere.

✓ Per donarti la possibilità di sperimentare un viaggio alla scoperta di te stesso, grazie alle potenti pratiche di consapevolezza interiore.

✓ Per conoscere gli strumenti necessari a migliorare da subito la tua vita.

✓ Infine, ma non per importanza, farsi una vacanza e non prendersi troppo sul serio, godendo della spensieratezza che la montagna sa elargire all'essere umano.

Apro una breve parentesi, perché dopo aver sviscerato i motivi per cui dovresti partecipare al ritiro sono scoppiato a ridere.

Un mix di gioia e sorpresa, un pizzico di flebile incredulità a condire il sorriso che mi è apparso in viso.

Sai perché? Per il fatto che a dirla tutta, e non mi stancherò di ripeterlo, mai avrei pensato di diventare insegnante di yoga. Ma chi l'avrebbe mai detto?

Invece ho dovuto ricredermi, è stata la naturale conseguenza di un percorso di crescita, il mio, che non smette mai di stupirmi.

Fare l'Insegnante di Yoga non è mai stato tra i miei piani di vita, tra i miei obiettivi. Ma ne comprendo l'importanza, ora più che mai.

Perché nel lavoro, e più in generale nella vita, sono sempre stato un pianificatore, un "conquistatore" seriale di obiettivi.

Con lo yoga no! Lo yoga mi ha trasmesso un altro tipo di consapevolezza.

Certo che anche una disciplina varia ed estesa come questa debba essere accompagnata da determinati scopi. È innegabile.

Ma viene percorsa un'altra strada; si viaggia verso un'altra direzione, quella interiore. Quella dell'Essere, dello spirito e dell'anima.

Nulla è stato pianificato, niente di tutto ciò è stato deciso. Non ho seguito un programma, non ho messo per iscritto alcun punto da dover prendere alla lettera.

È stato tutto naturale e istintivo.

E sai qual è il bello? Che da qualcosa di imprevedibile e fluido, come il corso di un fiume, ha origine il successo, il raggiungimento di un fine, di un traguardo senza precedenti.

Ho ottenuto innumerevoli "successi", in diversi ambiti della vita: da quelli personali, a quelli lavorativi e finanziari.

Lo dico senza alcuna presunzione, e spero tu possa perdonarmi se dovessi trasmetterti questa impressione.

Non è nel mio interesse, ma è semplicemente perché ho avuto la conferma che gli obiettivi raggiunti non sono altro che il frutto, prediletto, di una corretta e costante pratica di Yoga e Meditazione.

Lo Yoga "Autentico" è una Scienza che ha cambiato per sempre la mia vita, trasformandola e plasmandola sotto tutti i punti di vista:

- ✓ quello fisico (consentendomi di guarire da numerosi problemi di salute);
- ✓ quello materiale (conferendomi la ricchezza economica e il tempo per potermi dedicare alla mia famiglia e ai miei interessi, ai miei studenti e alle mie passioni, come l'insegnamento nella mia scuola);
- ✓ e quello spirituale (per Essere Me Stesso).

E ora percepisco il bisogno di condividere la mia serenità, la mia felicità. Non per sbatterla in faccia a te, lungi da me questo intento…

… Ma perché credo che ogni essere umano debba esserlo, grazie a questo percorso AUTENTICO, appreso in modo serio e tradizionale.

L'autenticità a farla da padrone, perché solo così si è capaci di assorbire gli incredibili benefici di cui è dotata.

Spero davvero di non annoiarti. Le pagine di questo libro sono perlopiù ironiche e volutamente scorrevoli. Devono allietare la tua giornata o serata, a seconda di quando prediligi leggere.

Ma è altrettanto importante, per me, aver scritto questa doverosa premessa.

Soprattutto perché non ci conosciamo ancora. E, giustamente, ti chiederai: "Chi sei? Cosa vuoi da me?"

Nulla, solo porre in evidenza che la conoscenza, la nostra conoscenza, più marcata e più vicina, ti potrà consentire di intensificare il tuo sapere.

Devi vivere il mio ritiro come un viaggio. Uno splendido viaggio, la cui meta è il raggiungimento più puro e meno effimero del tuo Essere.

PERCHÉ TI CONSIGLIO DI PROVARE QUESTA ESPERIENZA?

SPERIMENTARE, questa la parola d'ordine.

Nel bene, sperimentare qualcosa è fondamentale. Non sto parlando di testare per la prima volta qualcosa che possa procurarti fastidi o problemi.

Pongo in evidenza qualcosa che possa apportare solo che un piacere al tuo corpo e alla tua mente.

Ho sperimentato sulla mia pelle, in tutti questi anni, quanto sia FONDAMENTALE prendersi del tempo da dedicare alla propria crescita personale, interiore e spirituale.

Soprattutto farlo fuori dalla propria città e dal proprio contesto di vita quotidiana. Lontano dai propri affetti, dalla famiglia e dagli amici, dai colleghi e dai conoscenti più intimi.

Una buona, buonissima abitudine che coltivo da anni.

NON STO PARLANDO DI STRAVOLGERE LA TUA VITA DA UN MOMENTO CON L'ALTRO.

Perché sì, la stravolgerai se riuscirai a donare costanza alla tua crescita autentica.

Oramai i ritmi frenetici della città, e della nostra vita in generale, di tutti noi, ci costringono a muoverci sempre più velocemente, limando in negativo noi stessi; rimuovendo del tempo da dedicare all'introspezione e alla riflessione meditativa.

- ✓ Ti sei mai chiesto cosa sia davvero importante per te?
- ✓ Perché fai quello che fai?
- ✓ Ti rende felice il lavoro?
- ✓ Qual è il tuo scopo nella vita?
- ✓ Ti è mai capitato di vivere un momento difficile anche se agli occhi degli altri sembra che non ti manchi niente?

Hai avuto difficoltà a rispondere? Non preoccuparti, sei in buona compagnia…

Perché il problema non sei tu, ma la nostra società che ci porta continuamente fuori anziché dentro.

Reprime il nostro raggio d'azione, arrivando a trascurare quelli che io chiamo i "fondamentali", ossia ciò che è realmente importante per NOI.

La vera felicità non è effimera e mera illusione; non è - e non dev'essere - appannaggio di pochi intimi; non è qualcosa che risiede in un luogo sfumato di sola utopia.

Al contrario, la Felicità Autentica è uno stato del nostro Essere che necessita di essere coltivata con gli strumenti adeguati, per poi fiorire in tutto il suo splendore.

Ecco spiegato il motivo che ha fatto breccia nel mio cuore e nella mia mente.

Ecco spiegato il motivo del mio amore verso lo Yoga e per le pratiche autentiche in toto.

Se vuoi sapere se ci sono dei ritiri in programma puoi sempre dare un'occhiata al nostro sito internet, AuthenticYoga.it, all'interno del quale troverai date e informazioni aggiornate sulla possibilità di fare questa fantastica esperienza.

Il potere trasformante del ritiro... Il potere trasformante dello Yoga all'intera umanità.

Parola di Unesco...

Sai Perché lo Yoga è Stato Dichiarato Patrimonio dell'Umanità?

L'Unesco ha "Certificato" lo Yoga. Ecco il Motivo…

Se ancora ci fosse la necessità di porre in evidenza quanto lo Yoga serva a tutti noi, entro nel dettaglio su quanto posto in rilievo dall'Unesco, ossia l'Organizzazione delle Nazioni Unite per l'Educazione, la Scienza e la Cultura[xviii].

"Migliora il benessere psichico, fisico e spirituale delle persone". La motivazione, scritta, che ha portato l'Unesco, nel dicembre del 2016, a inserire lo Yoga tra i **Patrimoni** (immateriali) **dell'Umanità**.

Un riconoscimento istituzionale, se mai ce ne fosse stato bisogno. Un "premio" all'idillio che lo Yoga consente di poter vivere a coloro capaci di aprire le porte della loro quotidianità a questa immensa disciplina.

Se mai ce ne fosse stato bisogno…

Perché è provato e testato come lo Yoga sviluppi l'unione della mente, del corpo e dell'anima, migliorando così il benessere psichico, fisico e spirituale delle persone.

Rispetto ad altre, la singolarità di questa fantastica disciplina è il fatto di poter entrare a far parte della vita di ogni essere umano.

Con "ogni essere umano", intendo dire che può essere praticata da chiunque, **indipendentemente** dall'**età,** dal **sesso,** dalla **razza,** dalla **classe sociale**.

"Consente di raggiungere uno stato di liberazione" la chiosa dell'Unesco nel documento mediante il quale lo Yoga ha ricevuto questo riconoscimento.

E consente di farlo perché associa Posizioni, Meditazione, Respirazione Controllata, Recitazione di Parole e Altre Tecniche Mirate a Offrire Benefici, Attenuando Dolori e Raggiungendo così uno Stato di Liberazione.

Benefici che comportano un miglioramento importante della vita a tutti i suoi livelli.

Rifletti un momento su quanto c'è scritto. Fermati un attimo e pensa a tutte le attività, a tutte le discipline esistenti sulla terra.

Hai pensato? Bene, ora rispondi a queste domande:

- ✓ Quante discipline ci consentono quello che offre lo Yoga?
- ✓ Quante attività ci permettono di vivere tutti questi benefici in contemporanea?
- ✓ Quante cose che appartengono alla tua vita quotidiana credi possano davvero apportare tutti questi privilegi in un brevissimo lasso di tempo?

Ti ha risposto indirettamente l'Unesco; ti rispondo senza giri di parole io stesso: Nessuna! Proprio nessuna.

E sai perché? Perché la stragrande maggioranza delle attività e delle discipline si sofferma solo su alcuni aspetti, apportando vantaggi solo per singole situazioni.

Vantaggi certamente da prendere in considerazione, eh. Importanti fattori positivi che ti possono far star bene. Ma mai come lo Yoga.

Faccio un esempio, e so già che ti lascerà a bocca aperta: il nuoto!

Sì, il nuoto. Uno sport che fa certamente bene a chi possiede determinati problemi fisici. Sicuramente abile nell'apportare determinati benefici. Uno sport capace sì di "raddrizzarti" la schiena, ma al contempo – e a lungo termine – di comportare anche problemi alle spalle.

E la mente? E l'anima? Non sono coinvolte, perlomeno non lo sono in unione tra loro. Il benessere che il nuoto è capace di apportare, pur essendo molto importante, è comunque circoscritto.

Mentre lo Yoga, accompagnato dalla Meditazione, abbraccia totalmente e in contemporanea questo insieme di vantaggi.

Ti pongo un ulteriore quesito:

✓ E se Yoga e Meditazione entrassero nella tua vita in veste Autentica?

Nelle pagine di questo mio libro, sono stati riassunti nel dettaglio, in maniera anche approfondita, tutti i piccoli particolari che guidano l'Autenticità al raggiungimento dei propri obiettivi, della propria felicità.

Un'ultima curiosità, prima di lasciarti alla descrizione dell'Authentic Yoga e alla sua capacità di Evolverti Interiormente… Sai che esiste anche una **Giornata internazionale dello Yoga**? Dal 2014.
E sai quando cade? Il giorno del solstizio d'estate, il giorno più lungo dell'anno. Non una data a caso, bensì il giorno in cui – nella mitologia indiana – Shiva ha iniziato a trasmettere la disciplina dello Yoga ai suoi allievi. Giorno ritenuto sacro, perché riporta alla nascita della Scienza dello Yoga.

Un inizio, il giorno in cui Shiva, nella cultura indiana, ha dato il via alla Scienza dello Yoga. Un inizio, ai giorni nostri, quello che leggerai nella pagina che segue…

Authentic Yoga ™

La Pratica Perfetta per Donare un'Intensa Accelerazione alla Tua Evoluzione Interiore!

Dopo aver sperimentato tutte le pratiche di questo mondo, ponendole in evidenza nelle pagine di questo libro, è giunto il momento di pompare il mio Ego e presentarti la mia pratica che ho battezzato…

… Authentic Yoga.

[P.S. Pompare il mio Ego nei limiti, eh. Altrimenti…].

Che fantasia, starai forse pensando… E ancora: che, forse, scritto in inglese fa più figo… Chissà, magari, un domani vorrò insegnarlo nella "Grande Mela"…

Battute a parte, in questa fase mi faccio tremendamente serio.

Perché è una pratica seria… È il frutto, questo, di anni di studi e di esperienze nello Yoga.

Comprende tutto ciò che ho potuto constatare e testare, sia in veste di studente che in quella di insegnante.

Esistono milioni di posizioni, di Asana. Qualcuno pensa siano persino 8 milioni e 400 mila circa! Una cifra enorme, se ci pensiamo…

Ashtanga, Hatha, Vinayansa, Kundalini, Yin Yoga, Ananda, Anusara fino ad arrivare alle mode del momento come Power Yoga, Rocket, Yoga Himalayano…. Yoga Pugliese, e poi Bikram, Iyenger, Sivananda, Anusara, ecc…

Ad un certo punto, ho perfino pensato di chiamare questa pratica "Salamina Yoga". Se l'ha fatto Mr Bikram, perché non posso farlo io?

Poi ci ho riflettuto, arrivando a concludere che fosse troppo autoreferenziale come definizione.

E diciamocela tutta: non ho un cognome melodico, fluido o figo da poter enunciare, come ad esempio "Iyenger".

Anche per questo motivo, la pratica si chiama Authentic Yoga, perché è davvero l'unica pratica che ti consente di svoltare.

Un pratica in grado di farti innamorare sin da subito, perché completa in tutte le sue sfaccettature.

Una pratica, questa, che ho testato di nascosto per diverso tempo sulle mie cavie, quei miei poveri (e ignari) allievi che si sono sorbiti con amore e molta pazienza tutte le mie sperimentazioni.

Ho chiesto loro la cortesia di darmi un feedback sulla pratica e, di seguito, ti lascio alcuni di questi (poiché i feedback sono autentici ed esprimono sensazioni individuali, ho preferito non pubblicare i loro nomi per preservarne la privacy, nonostante molti di loro mi abbiano autorizzato alla pubblicazione degli stessi).

"Ciao Maestro, grazie della bellissima pratica. Oggi è stata sicuramente diversa e, come ci hai riferito, smuove tanto le 'acque' e le energie. Dopo il ciabattino mi sono uscite le lacrime… Ma non era la prima volta e poi, dopo i primi Pranayama, sono addirittura scoppiata a piangere. Un pianto sfumato di gioia. Un abbraccio".

"Speravo che prima o poi facessi una pratica del genere. L'ho sperato tanto! Mi ha donato un senso di libertà. Mi sta facendo sentire molto bene, con un forte senso di leggerezza".

"L'ho trovata superba. In particolar modo perché ho scaricato le tensioni accumulate, percependo sin da subito lo smuoversi di parecchie energie. Mi sento libero, mi sento bene. Sto provando un enorme piacere".

"Pratica meravigliosa, sono rimasta piacevolmente sorpresa. Sono entusiasta, mi sento molto leggera. All'inizio percepivo di essere molto contratta, perché ieri al lavoro è stata una giornata molto pesante. A pratica conclusa, la sensazione è stata quella di estrema scioltezza. La parte finale fluttuavo liberamente. STUPENDA. Grazie, davvero".

"Mi è piaciuta sin da subito perché mi sono immediatamente sentita più leggera sul petto, sul collo e

sulla testa. Svuotata di ogni peso. Una sensazione unica, che non mi succede con le altre pratiche. Una novità senza eguali. Bella, davvero bella".

Perché ho deciso di pubblicare alcune testimonianze? Perché i feedback parlano più di mille spiegazioni.

Anzi, a dirla tutta faccio fatica a spiegare nel dettaglio cosa trasmetta questa pratica. I benefici che è capace di generare in ogni individuo.

Come già ben sai, esistono innumerevoli pratiche di Yoga. Molte di queste sono sequenze ginniche, molto dinamiche, che mirano a incrementare la flessibilità e il benessere fisico.

Altre risultano essere molto potenti a livello energetico, anche se poco apprezzate per la loro complessità e per la poca vivacità.

Come, ad esempio, alcune pratiche che fanno parte di quella branchia di yoga conosciuta con il nome di Kundalini[xix].

Ce ne sono altre, invece, che sono solo "meditative", capaci di condurti a uno stato meditativo molto profondo; a uno stato che per alcuni può rivelarsi eccessivo se non si è adeguatamente preparati.

La maggior parte delle pratiche ricade però in tecniche fisiche, come quelle che puoi trovare (giustamente) nelle palestre e in molte scuole di Yoga, dedicando poco spazio alla parte dello Yoga Interno, come i Pranayama o la Meditazione.

In tutti questi anni ho messo a punto una pratica che va ad agire a ogni latitudine dello Yoga, quello più Esterno, incrementando al tempo stesso l'Energia Interna, il Prana, in modo da sviluppare una pratica meditativa che possa portare l'allievo in uno stato interiore molto profondo.

Dalla pratica "Authentic Yoga" sono state rimosse molte posizioni che, seppur belle e fighe da vedere, secondo la mia esperienza, lavorano molto meno efficacemente sull'incremento energetico.

Rimuovendo tutte le posizioni meno efficaci, si consente all'individuo di concentrare le energie sottili canalizzandole in maniera ancestrale al suo interno.

Questa è una pratica molto potente e, come hai letto ad esempio nel primo feedback, può capitare che possa far sciogliere velocemente nodi karmici o blocchi emotivi, già con una sola lezione.

Grazie a questo effetto, l'energia viene così liberata, donando un'immediata sensazione di pace, libertà e leggerezza.

Authentic Yoga ™:
Descrizione Più Tecnica della Pratica

L'Authentic Yoga è una pratica completa di potenziamento e di risveglio interiore che ho perfezionato e definito nel corso degli anni, dopo una serie di ricerche e studi sviluppati nel tempo.

Il fine della suddetta pratica è quello di incrementare la Bio Energia e il Prana in modo da generare da subito maggiore libertà, leggerezza, vitalità, calma mentale e forza interiore.

Mediante una sequenza calibrata di Asana, di Respirazioni Energetiche e di Pranayama derivanti dalla tradizione, questa pratica agevola lo scioglimento non solo di tensioni fisiche e muscolari, ma anche dei nodi karmici, dei blocchi emotivi, liberando immediatamente nuova energia.

Agisce in maniera profonda su tutti gli aspetti che compongono l'essere umano: la parte fisica, mentale, emotiva e spirituale.

È una pratica molto potente perché integra in una singola lezione tutti i principali strumenti dello Yoga Autentico.

Inoltre, grazie al Nada Yoga, al Canto di Mantra con il suono e la musica dell'Harmonium, la pratica è perfetta per chi ambisce ad avere un'accelerazione della propria evoluzione interiore.

Suggestiva la parte conclusiva della pratica, in quanto incentrata in modo particolare sull' Armonizzazione e sull'Attivazione dei 7 Chakra, grazie all'utilizzo dei Bija Mantra tramandati dai Maestri del Kriya Yoga.

Questa pratica donerà subito all'allievo un forte stato di connessione interiore, grazie al rilascio completo dell'energia che potrà finalmente circolare libera nella colonna e nei chakra, favorendo il risveglio della Kundalini, ossia quell'energia "bloccata" che si trova nella zona perineale.

Utilizzando molti degli strumenti della Scienza dello Yoga in combinazione tra loro - come Asana specifiche dinamiche, Pranayama profondi, Meditazione Autentica - lo studente otterrà sin da subito un incremento della propria energia e della vitalità.

Se vuoi venire a provare questa pratica, dai un'occhiata al calendario delle classi presenti sul nostro sito internet AuthenticYoga.it.

Il Contenitore Sta al Contenuto, Come le Asana (Posizioni) Stanno alla Meditazione

Come il Marketing Poco Etico mi ha Insegnato le Differenze Principali di Antaranga (Yoga Interiore) e Bairanga (Yoga Esteriore)

Giunto a questo punto, saprai che il Marketing Etico è sempre stata una delle mie passioni predilette, proprio perché mi consente di arrivare alle persone.

Il termine "Etico" definisce la promozione di un servizio, un prodotto, esaltandone sì le caratteristiche e le peculiarità, però sottolineando sempre la verità su cosa debba aspettarsi il consumatore dopo l'acquisto.

In sostanza: se il Marketing fa una promessa, questa deve essere poi rispettata dalla funzionalità del prodotto o del servizio stesso. E, come puoi ben immaginare, viviamo in un mondo in cui il Marketing non è Sempre Etico; anzi, in molti casi il Marketing spinge le vendite basandosi sull'inconsapevolezza delle persone, illudendole e manipolandole.

Questo è uno dei motivi che mi ha spinto a dedicarmi totalmente alla formazione, accantonando così la mia agenzia di marketing.

Ma questa è un'altra storia…

Tornando a noi, prendo spunto proprio dal Marketing per approfondire un concetto importante. Desidero farlo all'interno del contesto relativo alla scelta della copertina di questo libro.

Uno dei dettagli da definire, nel momento stesso in cui sto scrivendo queste righe, è proprio quello della copertina del libro.

E la diatriba, volontaria, a cui ho dato il via sulla community e sui miei profili social.

Partiamo da questo presupposto: la copertina di un libro è il Contenitore, siamo d'accordo?

Ciò di cui sto scrivendo è invece il Contenuto.

Prendi, ad esempio, la bottiglia dell'acqua, se non ti dovesse essere chiaro. La bottiglia è il contenitore, l'acqua è il suo contenuto.

Ma perché, a parità di contenuto (acqua), siamo disposti a pagare molto di più per avere un contenitore più bello?!

Con qualche sottile differenza tra le marche, per carità... Ma è pur sempre acqua!

Se ti fai un giro alla Rinascente di Milano e vai all'ultimo piano, vedrai che ci sono un sacco di bottiglie d'acqua che, in alcuni casi, costano persino 300€[xx]. Se il costo di 1 litro d'acqua equivale a una rata di un importante mutuo... Siamo alla frutta?!

Ora: chiediti cosa spinge gli essere umani a compiere "follie" di questo tipo?

Il mercato del lusso è protagonista di questa follia umana; non so se lo sai, ma questo mercato, quello del lusso, genera la maggior parte dei propri introiti non dai "ricchi", ma dai "poveri" – dove per "povero" intendo una persona con reddito medio basso - che, pur di vestire Armani, Gucci o Prada, pur di guidare un'auto di grossa cilindrata, arriva persino a non mangiare.

D'altronde è la vita. E la vita, ahimè, insegna (malamente!) come il contenitore, ciò che a primo impatto cattura l'attenzione, abbia notevole valenza.

È importante essere consapevoli che senza un contenitore figo, a meno che Madre Natura non abbia donato la figaggine in veste di talento, si fatica a vendere.

Perché NOI tutti – e dico proprio tutti – a parità di variabili esterne, scegliamo all'inizio il contenitore più bello.

Ci sono numerosi studi che dimostrano ciò che ho scritto: una persona di bell'aspetto, una donna più bella, un uomo più attraente hanno maggiori probabilità di essere scelti.

Pensaci bene, e sii onesto con te stesso: come hai scelto il tuo fidanzato o la tua fidanzata? Sto parlando di scelta iniziale, quella impattante, quella che ti ha stregato/a.

Per l'aspetto estetico, per il contenitore.

So che in molti storceranno il naso, diranno che non è vero, diranno che sono attratti da altri aspetti, dalla mente, dall'intelligenza. Fatti un esame di coscienza e vedrai che molte delle scelte che hai fatto nella tua vita, all'inizio le hai fatte basandoti sul contenitore.

È dopo, quando conosci il contenuto, che cominciano i problemi… Vero?

Scherzo, ovviamente… ma pensaci bene!

Tutti noi siamo attratti dal contenitore.

Chiamiamola bellezza, chiamiamola estetica, chiamiamola attrazione sessuale, chimica, feeling visivo. Chiamala come ti pare, ma quella è!

Un famoso detto nel campo della vendita dice che all'inizio le persone scelgono per quello che si fa, dopo per ciò che si è.

Che è quello che mi è successo, ad esempio, quando ho cominciato a insegnare nelle palestre. Le persone volevano solo fare Yoga e quindi una lezione valeva l'altra.

Poi, dopo aver provato una mia lezione, molti di loro hanno continuato a seguire le mie classi e molti allievi, che mi hanno conosciuto in quella occasione, mi hanno continuato a seguire in AY.

Quindi prima hanno scelto una lezione di Yoga (Quello che Fai), poi hanno continuato a seguirmi (Quello che Sei).

Per questo motivo, ho deciso di investire nella copertina di questo libro ingaggiando i migliori designer al mondo.

Sono arrivate oltre 250 copertine.

Una più bella dell'altra.

Non volendo limitarmi a un mio gusto personale, almeno per quanto concerne il contenitore, ho scelto le 8 più belle. Il risultato, questo, di un sondaggio interno all'azienda.

Per poi indire un mega sondaggio online proprio tra queste otto.

[Puoi trovare il sondaggio con le 8 copertine sul Gruppo Facebook Yoga Autentico|Daniele Salamina].

Ovviamente, come volevasi dimostrare, la mia preferita era tra le meno quotate...

D'altro canto, invece, stava vincendo (a mani basse) quella che mi attraeva di meno.

Quella graficamente meno elaborata, quella più semplice.

Il mercato ha l'ultima parola. E ha decretato il contenitore, decidendo così di usare la copertina del "popolo", non quella che piaceva a me.

Un mio collaboratore, che opera con me nel Marketing, proprio nei giorni in cui si stava decidendo la copertina vincitrice, mi ha detto: "*Ma come, Daniele, è quella che ti piace di meno. Il libro è tuo, perché non scegli quella che piace di più a te?*".

Una domanda, questa, che denota ancora lacune nel settore. Avrei voluto tirargli la bozza del libro addosso con un bel "Sei Licenziato!", ma poi ci ho ripensato e gli ho risposto: "*Il libro non è mio, ma è per i miei lettori, per coloro che hanno interesse a leggere quello che ho da dire. Lo scopo della copertina è attirare l'attenzione del possibile acquirente. Se non utilizzo dettagli che piacciono alle persone, che senso avrebbe? Nessuno giungerebbe al contenuto...*".

Una delle leggi fondamentali del Marketing è proprio quello di dare alla gente ciò che vuole, ciò che desidera.

E se le persone, in questo periodo di Covid, bramano il mare... io do loro il mare!

Ti suona forse strano? Sto parlando di Contenitore, eh; non di Contenuto.

Il contenuto figo attrae tutti noi. Non c'è verso.

Ed è per questo che lo Yoga ha ottenuto una diffusione così massiccia. Perché con le Asana e l'Hatha Yoga ti crei il contenitore figo: il culo sodo, la gamba e la schiena scolpita, l'addominale da tartaruga. E, sia chiaro, non c'è nulla di male. Anzi, ben venga!

Ma lo Yoga è una Scienza esistente prima ancora che giungesse Cristo. Si parla di circa 5000 anni fa.

I grandi Yogi e i Veri Maestri, quelli realizzati e illuminati, come Yogananda, Ramana, Maharashi, e probabilmente lo stesso Gesù Cristo, hanno avuto un contenitore abbastanza "scadente"; la pancia, i capelli in disordine, il viso poco curato ecc...

Cosa significa questo? Che non sono Yogi?

Caro amico, qui casca l'asino...

Assolutamente no!

Lo Yoga ha cominciato a perdere il suo reale valore, quello più Autentico, e il suo iniziale scopo nel momento in cui è giunto in Occidente ed è stato strumentalizzato.

Terra, la nostra, in cui riflettiamo allo specchio la sagoma di ciò che la nostra società pretende di vedere.

Tutti noi investiamo – chi più chi meno - sul nostro contenitore, sul nostro fisico; per far vedere quanto siamo fighi e di successo, quanto sia bella la nostra casa e la nostra macchina.

Avere un contenitore BELLO è FIGO; ed è giusto che sia così. Prendersi cura del proprio corpo, del nostro valore estetico, non è sbagliato. Anzi, denota interesse nel saper donare anche un valore a ciò che siamo agli occhi del mondo esterno. Denota rispetto per noi stessi.

Ma senza farla divenire Ossessione. Senza che diventi una Dipendenza.

Ho fondato un'accademia sull'estetica, proprio perché anche l'estetica può essere una cura di noi stessi in una particolare fase della vita.

Ma ci dev'essere comunque un limite, un equilibrio.

Il contenitore che rappresenta e confeziona agli occhi del mondo esterno il nostro contenuto dev'essere senza ombra di dubbio curato; certamente per un fattore estetico, ma principalmente per un motivo di salute generale.

È pur sempre il tempio che Dio ci ha donato, e va rispettato. Altrimenti lo Spirito non può esprimersi nella sua massima potenzialità in un corpo malato.

Per questo è importante il contenitore, definito da molti Maestri:

Il TEMPIO della Nostra Anima.

Dobbiamo utilizzare, con equilibrio e correttezza, gli strumenti atti ad assisterlo. Strumenti come le Asana, le Posizioni; così come lo Sport, purché non risulti invasivo.

Anche lo Yoga, se vogliamo dirla tutta, è diventato invasivo, portando molti a farsi male. Non mi dilungherò qui perché ne parlo in modo approfondito in un video dal titolo "7 Modi per Farsi Male Facendo Yoga" sul mio canale Youtube Daniele Salamina.

La conseguenza, questa, di ciò che la società desidera che venga messo in risalto: il contenitore.

Lo Yoga stesso è diventato di Massa dal momento in cui è entrato a gamba tesa anche nelle palestre.

Lo Yoga è come il prezzemolo. Ha il dono (involontario) dell'ubiquità; è ovunque: lo Yoga in Cucina, lo Yoga della Risata, lo Yoga per Fare le Pizze…

Perché tira…

Non c'è nulla di male, intendiamoci.

Ma, forse, sarebbe il caso di INVESTIRE di più sul Contenuto. È nel Contenuto che vive la vera essenza dell'essere umano.

"Sthiram Sukham Asanam". Ossia che le Asana devono essere stabili e confortevoli, diceva Patañjali nel suo 46°sutra.

Anche se impossibile tradurre dal sanscrito, il senso delle Asana racchiude un significato molto semplice: devono farci stare bene di salute; devono donarci la flessibilità tale per eseguire posizioni che ci consentano di meditare senza problemi, senza avvertire dolori...

... Per Cominciare a Lavorare sul Contenuto!

Sì, sul contenuto!

Grazie soprattutto alle Meditazione.

Di operare sullo Yoga interno, attraverso il quale entrare in contatto con il nostro Sé Autentico, quella parte inesplorata che in molti bramano raggiungere, ma che pochi sanno di avere.

In sintesi:

Va bene lavorare sul Contenitore…
… Ma non dimenticare che la vera ciccia, anche vegana, è nel Contenuto.

D'altronde, senza un buon contenitore non saresti giunto a questo contenuto.

Senza questa copertina, magari, non avresti comprato il libro. Questo è ciò che io chiamo piacevolmente Marketing Etico.

Quando insegno nelle mie classi, cerco sempre di far recepire l'importanza del contenitore, perché alimenta il desiderio di conoscerne il contenuto.

Se le persone vogliono sentirsi fighe ci sta, e probabilmente una delle cose che mi riesce bene è proprio questa…

USARE IL CONTENITORE PER ARRIVARE AL CONTENUTO.

Questo è un passaggio fondamentale dell'Essere.

Non puoi Essere Te Stesso… se non conosci te Stesso.

No, non è una supercazzola alla Tognazzi, anche se così può apparire. Ha un valore al suo interno decisamente più profondo. Ed è ciò che sto cercando di dirti dall'inizio del libro.

Dobbiamo imparare a conoscere noi stessi, scavando in profondità e scorgendo le viscere più nascoste, contenenti dettagli a noi poco impattanti. Quei dettagli che abbiamo sempre accantonato. Ma ora è giunto il momento di vederli da vicino.

Solo dopo aver compreso questo, saremo pronti ad essere Noi Stessi. Il Contenuto potrà esprimersi liberamente, perché il contenitore avrà una valenza minore.

Il nostro corpo fisico esprimerà liberamente la nostra anima. E ciò sarà possibile quando saremo capaci di liberarci dai concetti, dalle credenze… dal nostro Ego.

Liberarsi non vuol dire annullarsi o eliminarsi; bensì accettarlo, sapere che c'è. Non va rinnegato e maledetto. Ma osservato, compreso e accettato. Per quel che è veramente.

E lo Yoga Autentico che sto sperimentando nella mia vita mi sta donando tutto questo. Non è un viaggio facile, lo so. Ma la gioia e la felicità che dona Essere Sé Stessi non ha prezzo.

Ma dobbiamo tutti noi percorrere una strada, peculiare e personale. Un percorso unico e solo nostro. Imparare a scorgere quel barlume di "egoistico" sé che ci fa sbandare e andare fuori strada.

Acquisire consapevolezza tale da capire che noi siamo qualcos'altro di più grande che la nostra mente non può conoscere razionalmente.

Ecco perché dobbiamo imparare a meditare e calmare la mente.

Cominciando davvero a vivere. A sfidare la vita per quello che è, ossia un percorso che può regalarci molte soddisfazioni.

Se solo lo comprendiamo, se siamo capaci di dare valore a noi stessi.

Dentro di noi, sappiamo che NESSUNO può toccarci, rubarci e ammazzarci il contenuto.

Potranno forse sfigurarci il contenitore, costringendoci a portare i segni di quella battaglia che chiamiamo vita. Ma nessuno potrà toglierci quella felicità che ci siamo guadagnati.

Guadagnati con la Pratica Costante delle Discipline Autentiche.

E non parlo solo dello Yoga, ma di ogni sentiero e disciplina che possa aiutarci a risvegliarci interiormente.

Risvegliarci interiormente significa prendere davvero consapevolezza che NON siamo la nostra mente, non siamo il nostro corpo fisico, non siamo le nostre emozioni.

Ma siamo quel riflesso di quella coscienza universale che, attraverso di noi, fa esperienza.

E per fare esperienza… serve avere il contenitore!

Ma una volta che il contenitore invecchia e non comprendiamo le sue banali fattezze...

... Beh, la naturale conseguenza è la Sofferenza!

La sofferenza pervade perché subentra l'Identificazione. Il Contenitore non viene scisso dal Contenuto. Bisogna accettare l'idea che il contenitore, prima o poi, invecchierà.

Vi sono persone che non comprendono come Essere Sé Stessi voglia dire accettare che, in questo mondo fisico, tutto ha un inizio e una fine. Nel mezzo, un processo, un percorso di invecchiamento naturale, che dev'esserci. Per forza.

Per questo dobbiamo cominciare oggi stesso a esplorare il nostro contenuto. Osservandolo e imparando a conoscerlo.

Perché questo non invecchia. Come dicono gli Indiani è *Sat-Cit-Ananda*, ovvero Sempre Esistente, Sempre Cosciente, Sempre Nuova Gioia.

Accudiamolo come si fa con un bambino. Perché è lì che risiede la vera gioia, la felicità, la beatitudine e la grazia divina.

Non giudicare un libro dalla sua copertina... E come mi ha detto splendidamente un mio allievo dopo una pratica: "*Si scopre un mondo che non si credeva esistesse*".

C'è un "Seguito" con Daniele?

Come e Dove Posso Praticare lo Yoga Autentico?
Qual è il Prossimo Passo?

Forse.
Grazie per averlo chiesto.

L'ho già accennato in precedenza, ma il ruolo di Insegnante, almeno nello Yoga, non è attualmente il mio ruolo principale, pur dedicandoci sempre più tempo…

… E il tempo, almeno in questa vita, è la cosa più importante che ho, che abbiamo tutti noi.

Il tempo è limitato. Scorre via inesorabile, delle volte silente e impercettibile. Talvolta va ringraziato, perché capace di limare le ferite e i dolori causati da frustrazioni, dalla perdita di un amore, di un affetto o di un'amicizia.

In questo caso, però, è limitato.

Posso dire di insegnare yoga per vocazione, forse per devozione, sicuramente per passione; ma più di tutto per amore. Il fil rouge, questo, del mio itinerario da docente.

Lo faccio perché lo Yoga mi ha plasmato in tutti gli ambiti della vita. Soprattutto lo continua a fare, e sempre nella direzione giusta:

Plasmare la vita.

Un po' come nelle sculture di Auguste Rodin. Le sue opere d'arte in veste di nuove prospettive con cui rapportarsi, per stare al passo con un mondo in continua e dinamica articolazione; per consentire alla forma di affiorare dalla materia.

La forma sono io, sei tu, siamo noi. E il tempo è il coprotagonista di tutta la nostra storia.

Nutro un profondo rispetto per il Tempo: ho la ferma convinzione che sia la cosa più importante di cui disponiamo.

Molti allievi mi chiedono: *"Daniele, come fai a fare tutte queste cose?"*.

"Passione per Ogni Cosa che Faccio, Forza di Volontà, Organizzazione, Esperienza e Gestione del tempo", la mia risposta. Mentalità, questa, che trasmetto al mio team di collaboratori.

Ho parlato di cruda realtà, nelle precedenti righe, per un motivo ben preciso:

✓ Il ritiro è un'esperienza a sé stante; un'avventura che può essere vissuta da chiunque; dal professionista passando dal principiante per arrivare al neofita, come accaduto al sottoscritto.

Ma la possibilità di apporre un ulteriore tassello al mosaico dell'autenticità necessita di ben altre certezze.

Persuasioni, queste, che trovano responso in **6 strade** attualmente percorribili:

#1: Classi di Yoga in Gruppo.

La prima strada agibile è quella relativa alle classi di yoga in gruppo. Sono le classi che, insieme agli altri insegnanti Authentic Yoga, teniamo ogni giorno, regolarmente, nella nostra scuola di Milano. Insegniamo tutti i principali stili di Yoga, come ad esempio lo Hatha Yoga, il Vinyasana, l'Ashtanga ecc.

Con l'opportunità di praticare in alcune classi l'Authentic Yoga™ di cui ti ho parlato precedentemente.

#2: Lezioni di Yoga Chikitsa Individuali ONEtoONE.

Percorso transitabile ad alta velocità. Mi spiego meglio: questo è il modo migliore per dare un'accelerata alla propria evoluzione yogica.

La lezione viene costruita su misura per te, in base alle esigenze personali dello studente. Diversi allievi giungono da me per essere aiutati su disturbi di carattere fisico, mentale ed emotivo.

Il termine sanscrito *Chikitsa* significa "Terapia". In Italia, il termine "terapia" è a uso esclusivo dei medici.

Ma siamo tutti consci del fatto che lo Yoga sia la cura dell'anima; ma è altrettanto appurata la sua capacità di poter alleviare da numerose patologie.

L'accesso alle lezioni individuali è riservato – previo colloquio e selezione - solo agli allievi che praticano regolarmente con me.

Seguo un massimo di 7 allievi individuali al mese. Se sei alle prime armi, con il desiderio di praticare individualmente con me, è doveroso cominciare prima da una lezione di gruppo.

#3: Corso di Meditazione "Autentica".

È un percorso a sé stante. Un cammino di pura e mera Meditazione. Un viaggio della durata di 10 settimane, dalle qualità sorprendenti, dai risvolti quasi inattesi. Un orgoglio, mio e personale, il fatto di aver ricevuto gratitudine da diversi miei studenti, che hanno ottenuto miglioramenti e benefici nella loro quotidianità.

Ho ideato questo percorso dopo essermi reso conto di quante persone fossero desiderose di iniziare a meditare, senza però avere la minima idea di come farlo. Aggiungiamoci il fatto di voler semplificare al massimo il metodo, pur tenendo fede agli insegnamenti dei miei Maestri, allo scopo di donare l'input migliore per tutti. E il gioco è fatto.

Cosa comporta, in termini emozionali e di benessere il Corso di Meditazione Autentica in Authentic Yoga? Il fatto di:

- ✓ Imparare a meditare in modo profondo, sempre più preciso e puntuale, apportando benefici alla nostra mente e al nostro corpo, in solo pochi minuti al giorno.

- ✓ Ripulire la testa da pensieri negativi, tramutandoli in positivi, e comprendere come evitare di entrare in quel vortice di negatività tanto fastidioso quanto dannoso.

- ✓ Acquisire maggior consapevolezza delle tue emozioni, coltivando quel distacco emotivo, evitando così di farti dominare da sentimenti nocivi, quali rabbia e paura.

- ✓ Gestire i tuoi stati di ansia, di stress e di paura di un futuro incerto all'orizzonte. Ansia e stress, in particolare, vengono limati sin dalle prime lezioni.

- ✓ Studiare e apprendere una tecnica preliminare di meditazione usata per millenni e millenni dai grandi Maestri del Kriya Yoga, tra i quali c'è Paramahansa Yogananda; utile, se vorrai, per approfondire gli aspetti più spirituali della medesima pratica e, magari, fare il passo successivo per ricevere le tecniche riservate solo ai veri ricercatori sinceri.

#4: Retreat (Ritiro) Yoga in Montagna (o in Altri Posti Stupendi che il Futuro ci Riserverà).

Il quarto passo, fondamentale e affascinante, è quello del Ritiro (Retreat in inglese) di Yoga in montagna. Un'avventura per immergersi nella natura, in un vortice di crescita interiore senza precedenti.

Ne ho parlato già in precedenza, in un capitolo a parte. Il ritiro comporta un impatto determinante sulla crescita interiore dell'essere umano. A differenza di alcune pratiche e delle lezioni individuali, l'accesso ai miei retreats è libero e aperto a tutti. In quanto non v'è la necessità di aver già intrapreso un percorso in particolare. Ognuno otterrà un grande beneficio.

Non serve essere degli "esperti" o dei "contorsionisti". L'esperienza del ritiro ti trasformerà, a prescindere dal livello di partenza.

Organizzo di solito 1 Retreat all'anno, generalmente a Settembre. Potrei pensare di organizzarne anche un paio, il secondo verso Maggio o Giugno, a seconda degli impegni lavorativi.

[Per vedere se ci sono ritiri in programma, visita la pagina dedicata del nostro sito: https://authenticyoga.it].

#5 Teachers Training Authentic Yoga™: Diventare Insegnanti Autentici per Cambiare Sé Stessi (e di Riflesso anche gli Altri).

È il percorso annuale che mira a formare Insegnanti di Vita, oltre che di Yoga, di altissimo livello; insegnanti di successo preparati e qualificati. Quelli che a me piace chiamare Veri Guerrieri Spirituali!

Sarà chiaro anche a te, giunto a questo punto della lettura, che diventare insegnante di Yoga non ha nulla a che vedere con il fatto di essere insegnanti di ginnastica, per i quali ho il massimo rispetto.

Ma devi sapere che, stando sempre alla mia esperienza diretta, il processo di cambiamento richiede un po' di sacrificio, inteso come studio, tempo e pratica costante…

Non condivido in alcun modo quei corsi insegnanti di yoga che ti promettono di diventare insegnante in 2 settimane, solo per consegnarti un attestato, un certificato, che, diciamocelo francamente, NON ti servirà a niente…

Perché, quando inizierai ad insegnare, il tuo valore effettivo, quello messo in pratica, non rispecchierà mai quello sulla "carta", perché NON sarai pronto/a (a meno che tu non sia già un talento nato...).

I percorsi intensivi NON vanno bene per tutti; forse neanche per pochi: stiamo parlando di un processo interiore che richiede studio, pratica e disciplina. Non possiamo pensare che il "bombardamento" di informazioni in un brevissimo lasso di tempo possa trasformarci.

Testi sacri - come la Bhagavad Gita e gli Yoga Sutra di Patañjali, che si studiano nei corsi insegnanti, per essere davvero "compresi", richiedono non meno di qualche anno. Sto parlando di comprensione reale, non di studio mnemonico delle posizioni in sanscrito.

Credo che questi percorsi intensivi di Yoga, nei quali si studia e si pratica per 10/12 ore al giorno, possano arrecare anche dei danni a chi non è pronto e, anche in molti casi, penso siano utili solo a chi li organizza allo scopo di fare un po' di soldi facili visto che, come ho scritto a inizio libro... lo Yoga "Tira".

Il percorso Insegnanti AY ha come fine quello di apportare un radicale cambiamento a sé stessi, all'insegnante. Solo così' l'insegnante, con maggior consapevolezza di sé, sarà pronto a insegnare, potendo così offrire la sua competenza, la sua energia, a chi è pronto a riceverla.

Come potrai leggere in maniera più approfondita nella parte relativa alle "Dediche", sono convinto che il Mondo abbia bisogno di Insegnanti Consapevoli che siano in grado di stimolare il processo di cambiamento dei propri allievi.

Pensaci un attimo... Ognuno di noi ricopre, in qualche modo o forma, il ruolo di Insegnante. Lo stesso Genitore è un insegnante.

Questo ruolo, teoricamente insito in ognuno di noi, dovrebbe essere coltivato grazie a quelli che sono gli strumenti che nessuna scuola ad oggi insegna: lo Yoga, quello in veste Autentica, che offre gli strumenti per governare la propria vita e avere successo in ogni ambito.

Nel momento in cui scrivo, questo percorso è ancora in fase di progettazione. Un progetto che prevede una prima edizione nei prossimi anni, ma sempre con il medesimo filo conduttore: lo Yoga Autentico.

Essere Insegnanti denota una grande responsabilità: gli allievi ti vedranno sempre come un punto di riferimento; come consigliere, maestro, persona fidata a cui chiedere una mano quando nessuno li potrà aiutare. E, molte volte, capiterà che apparirai ai loro occhi come qualcosa più di un insegnante.

Di conseguenza, è necessaria una preparazione che generi le proprie fondamenta dai diversi ambiti della Personalità e della Psicologia.

Gli insegnanti verranno formati sullo Yoga Tradizionale, sull'Hatha Yoga, sulla Filosofia Yoga, sulle Asana, sulla Psicologia del Cambiamento, sui Pranayama, sull'Anatomia

Fisica e Sottile, sulle Pratiche Energetiche, sullo Yoga Terapia, il Nada Yoga e sul Canto dei Mantra, sulla Consapevolezza Emotiva, sulla capacità di insegnare la Meditazione utilizzando anche le ultime scoperte scientifiche; sulla convinzione di vincere la timidezza e la capacità di saper parlare in pubblico, oltre a tutte quelle caratteristiche che devono competere a un insegnante.

Prevedo inoltre di inserire tutti gli ultimi strumenti Tecnologici e di Online Marketing in modo che l'insegnante possa farsi realmente conoscere, anche Online (come accade in tempo di pandemia) e ottenere dai propri allievi il giusto valore, anche economico, in modo da essere subito valorizzato e guadagnare bene.

Credo che nella maggior parte dei casi, specie in Italia, gli insegnanti, sia di Yoga ma anche tutti gli insegnanti di scuola, siano sottopagati e meritino sicuramente un compenso più alto e adeguato per il contributo che donano all'umanità. Vedo tantissimi insegnanti molto bravi tecnicamente ma che purtroppo non hanno capacità di Marketing per far conoscere il proprio valore.

C'è ancora questa falsa credenza, soprattutto in Italia, per cui la "spiritualità" debba essere in qualche modo regalata. Ma, seppur condivida come lo Yoga - come dichiarato dall'Unesco - sia un bene dell'umanità e debba essere diffuso e praticato regolarmente da tutti, ricordiamoci che i soldi sono anche questo: un bravo insegnante per potersi "formare" ha bisogno di tante risorse, anche economiche, perché la formazione migliore costa e, in molti casi, non è quella che trovi sotto casa. I viaggi studio in India, in Cina e in giro per il mondo costano decine di migliaia di euro, e un insegnante deve farsi pagare per il suo valore. Di conseguenza, un praticante Yoga dovrebbe essere contento di pagare il giusto prezzo all'insegnante pronto a trasmettergli le sue conoscenze.

L'accesso al Teachers Training sarà su selezione in modo da poter verificare se il futuro insegnante sia "allineato" con lo scopo della nostra scuola:

Lo scopo della scuola Authentic Yoga è quello di aiutare il maggior numero di persone a progredire nella propria crescita ed evoluzione interiore attraverso lo studio e la pratica delle discipline "Autentiche".

Il percorso potrà prevedere diversi stage e ritiri in montagna (o al mare, vedremo) in modo da "affilare" la propria mente per questa grande, bellissima ed entusiasmante missione che gli insegnanti dell'Anima hanno: l'Evoluzione.

Gli insegnanti riceveranno la certificazione dalla nostra scuola, ma anche da primari enti internazionali come Yoga Alliance e altri enti che stiamo selezionando in modo da essere anche "formalmente" riconosciuti nel mondo. Inoltre, i futuri insegnanti avranno l'abilitazione per poter insegnare l'Authentic Yoga, sia come insegnanti indipendenti che potranno lavorare in altri centri yoga, magari in altri centri AY in giro per il mondo, in palestre, in studi privati, sia per poter aprire così la propria scuola Authentic Yoga in giro per il mondo.

Per inviare la tua candidatura alla prossima edizione del corso insegnanti puoi inviare una mail direttamente a me, a daniele@authenticyoga.it con Oggetto: "Candidatura AYTT" in cui rispondi a questa semplice ma potente domanda: "Perché vuoi Diventare Insegnante Autentico?"

#6: Corporate: Coaching/Yoga/Meditazione per Imprenditori Consapevoli.

Infine, il percorso riservato agli Imprenditori.

Da imprenditore, comprendo perfettamente le esigenze della maggior parte dei miei colleghi, il loro stato d'animo, i sentimenti e le difficoltà che si incrociano lungo la propria carriera, dal momento dell'avviamento sino alla gestione di ogni singolo dettaglio della propria azienda, giorno dopo giorno.

Ho avviato diverse aziende nel corso degli anni. Non tutte portate a compimento, alcune cedute. Ora sono solo focalizzato sulla mia principale azienda, la ONYX Academy, accademia che, nel momento stesso in cui digito su questa tastiera, ha formato oltre 15.000 persone in più di 30 sedi italiane.

In piena emergenza Covid, con l'economia allo sbando, la mia azienda sta crescendo a ritmi sostenuti.

Il motivo? Molto semplice: parafrasando Darwin, non vince il più forte, ma il più flessibile, colui che si adatta meglio al cambiamento. Per questo motivo, ho trovato soluzioni per non dover restare in attesa. Soluzioni messe in pratica e poi perfezionate, giungendo a incredibili risultati, con un incremento sostanziale di fatturato e di benessere generale.

Parlo, in questo caso, di un netto cambio di paradigma; di una visione, a 360 gradi, che lo Yoga mi ha insegnato e continua a insegnarmi.

Concedersi a questa nuova fonte di Energia, donata dallo Yoga e dalla Meditazione, consente di Crescere sotto tutti gli aspetti: personali e intimi, ma anche professionali ed economici, incluso il comparto aziendale.

Le mie competenze col passare del tempo si sono ampliate, implementando caparbietà e virtù da offrire anche ai dipendenti e ai collaboratori della mia azienda.

Nelle attività private di "coaching", non acquisisco clienti che non condividano i miei valori e la mia etica.

Questo passaggio è cardinale, perché il punto di partenza essenziale per poter instaurare un rapporto di fiducia.

Sono altresì consapevole che ci siano imprenditori "virtuosi" che hanno il fermo bisogno di una mano e di un supporto, a prescindere da tutto, perché l'imprenditore è una figura molte volte lasciata sola, in balia degli eventi.

La pandemia Covid è l'esempio più eclatante e attuale.

Sappiamo bene, tu ed io, che l'Italia è uno degli ultimi Paesi al mondo per "fare impresa"; una Nazione nella quale le piccole-medie imprese sono costantemente lasciate in balia di imprevisti, costrette a fallire miseramente.

Se dovessi soffermarmi su questo pensiero, avrei forse già mollato, come molti altri miei colleghi. Non credi?

Che senso ha investire su qualcosa di cui non si ha il minimo sostegno... Purtroppo devi cavartela da solo, contro tutto e tutti.

Ma io non sono così; le discipline autentiche hanno evoluto la mia persona anche sotto il profilo imprenditoriale, donandomi un'energia e un desiderio di continuare a progredire, a migliorare, costi quel che costi. Valicando ostacoli e limando grattacapi.

La figura imprenditoriale, spesso denigrata come capitalista e dominatrice, ricopre sul tessuto sociale del Bel Paese una valenza invece senza eguali.

Pensiamo alle piccole-medie imprese, vero cuore pulsante del nostro territorio. È necessario rilanciarle a ruolo principe del Paese.

Non solo, serve che l'imprenditore stesso ritrovi la sua caparbietà, la vocazione e i talenti insiti in lui; la stoffa e la qualità di inizio carriera, senza dimenticare quel briciolo di incoscienza che l'ha spronato a investire, a mettere in gioco la sua intera vita. Al servizio degli altri.

Per far questo devi avvalerti di una mente "forte", ti serve saper gestire i tuoi stati d'animo e le tue emozioni.

Sì, anche il fatturato... Ricordi il titolo del libro? Il filo conduttore delle pagine che lo compongono? Autenticità. Significa anche non celare ogni singolo dettaglio di genuinità e sincerità della persona.

Quindi sì, anche l'aspetto economico, più materiale, dev'esser governato con criterio. Anche questo è da identificarsi come una conseguenza di ciò che sei e di quello che vuoi diventare.

Attualmente, in qualità di coach, mi sto dedicando a un massimo di 3 imprenditori all'anno.

Il numero perfetto, oserei dire, con l'obiettivo di dosare il tempo ed elargire a ognuno il giusto spazio e la corretta strumentazione, come la Meditazione, lo Yoga e il Corporate Coaching.

Il giusto equilibrio dei dispositivi d'azione affinché l'imprenditore, in qualità di uomo e professionista, raggiunga il livello di consapevolezza desiderato.

Quell'importante livello da proiettare e trasferire a ogni singolo componente della sua azienda.

Mentalità aperta e disposizione a rivoluzionare il proprio modo di pensare e agire. Queste le peculiarità da cui partire per cambiare il proprio modo di vivere.

Se hai una mentalità aperta e sei disposto a rivoluzionare la tua azienda, il tuo modo di pensare, di essere e di agire, allora mandami una mail a daniele@authenticyoga.it con Oggetto "Corporate Yoga", in cui mi racconti la tua azienda, mi alleghi i tuoi profili social, qualora ne avessi, un tuo recapito telefonico e mi svisceri i tuoi punti deboli.

Non i tuoi punti di forza, perché quelli li conosci già bene e sai già come sfruttarli. Lavoreremo per limare debolezze e mancanze, valorizzando ancor di più il tuo vero potenziale da imprenditore.

La mail non verrà letta dalla mia assistente, ma prenderò personalmente in esame le richieste ricevute.

Infine, se dovessi captare che il tuo modo di essere è in linea con il mio, con i miei valori e i miei principi, ci potrebbe essere una prima chiamata conoscitiva.

Diamo Fiato alle Trombe

Feedback e Commenti
degli Allievi Yogi Autentici

Prima di arrivare alla "Non Conclusione" (poi capirai!), riporto di seguito alcuni dei messaggi ricevuti da alcuni miei allievi.

Li ho pubblicati – ovviamente previo consenso - perché mi emozionano e mi tirano su il morale quando le cose non vanno come dovrebbero.

Sono proprio questi messaggi che mi incoraggiano a continuare questa missione, anche e soprattutto quando magari le avversità sembrano costringerti a prendere altre strade.

Messaggi e parole, capaci di svoltarti in meglio la giornata. Un segno di gratitudine, intenso e genuino. Autentico, perché non v'è alcuna costrizione in tal senso.

"Onestante Daniele, fin dalla tua prima lezione a cui ho avuto la fortuna di partecipare, è stato come un risveglio per il mio corpo e la mia mente, perché le tue pratiche non si soffermano soltanto alle posizioni (Asana) e quindi sull'aspetto fisico che va a lavorare sulla forza e flessibilità del nostro corpo, ma sono molto più profonde, vanno ad agire sulla psiche oltre che sull'aspetto spirituale della

persona. Personalmente, dopo la pratica, ho molta più energia, provo una sensazione di benessere psicofisico che solo con lo yoga ho riscontrato. E quindi, sono felicissima di aver iniziato questo percorso insieme, e voglio continuare con tanta determinazione .Oltre allo yoga che è da qualche anno una disciplina per me affascinante e che grazie a te ho ripreso a praticare costantemente, ho voluto iniziare un nuovo percorso di meditazione. La prima lezione fatta ieri, è stata incredibile. Per quel lasso di tempo che abbiamo meditato, è come se mi fossi catapultata in un luogo sicuro e incantevole, dove riuscivo a sentire il rumore del mare e il cinguettio degli uccellini. Ero sola e la cosa più importante è che ero in totale pace con la mia mente e con me stessa, a tal punto che quasi non volevo più tornare nella realtà. Ed è solo l'inizio di questo viaggio stupendo. Grazie di cuore per quello che mi stai insegnando. Un abbraccio, Namasté".

Giada Condoleo

"Tra poco sarà un anno da quando ho iniziato a praticare Yoga con Daniele. È stato un anno pieno di incertezza ma nell'incertezza ho trovato momenti di gioia, di gratitudine e di successi. Gioia nell'imparare che lo Yoga non è solo la parte fisica per la quale mi ci sono avvicinata ma che c'è una parte più profonda, più interiore che rimane nascosta per via della frenesia della vita e che solo con pratica, costanza e sforzo può iniziare a fluire. Gioia nell'incontrare persone affini che vogliono crescere, che vogliono scoprire cose nuove e che durante questo percorso mi hanno incoraggiato a continuare, a sforzarmi e ad avere pazienza.

Pazienza che mi ha portato a piccoli successi come chiudere asana che all'inizio mi sembravano impossibili oppure sentire tutte quelle sensazioni energetiche che all'inizio non capivo cosa fossero. Questi piccoli successi li festeggio con grande emozione, gioia e gratitudine. Ti sono grata maestro, perché averti conosciuto mi ha portato a prendere consapevolezza di me come Mary, delle mie azioni e della mia presenza in questo mondo. C'è ancora tanto da imparare e da mettere in pratica, ma sono sicura che continuando questo processo di apprendimento potrò solo migliorare. <<Il maestro arriva quando l'allievo è pronto>>, quanta verità. Quando me l'hai detto non avevo preso coscienza del suo significato ma è assolutamente vero. Ogni incontro capita per qualcosa, ogni persona ti lascia un segno e un insegnamento. Grazie Maestro, grazie, grazie! Namasté".

Marysabel Corahua

"Che pratica, Maestro! Sentivo il bisogno di una pratica meno impattante rispetto alle altre. Non intendo come benefici, bensì come sforzo. Questa mattina mi sono alzata decisamente nervosa. Pensare che in poco tempo mi sono fatta scivolare questo di dosso, beh, è risultato essere un grande beneficio. Grazie!".

Cinzia Gatti

"Conoscere il maestro Salamina e introdurmi per la prima volta al mondo dello Yoga, mi hanno fatto decisamente svoltare! Praticando con costanza, ha portato a rimettermi

in forma, sentirmi meglio fisicamente e spiritualmente (grazie anche alla tecniche di meditazione apprese). Ho finalmente fatto qualcosa per me stesso, per stare meglio, più centrato… una valvola di sfogo dal correre esasperato di tutti i giorni. Ho inoltre partecipato ad un ritiro pazzesco, una delle cose più belle che abbia mai fatto nella mia vita, con tante e bellissime sensazioni provate durante e dopo. Grazie ancora maestro! Ed il mio percorso prosegue, per imparare sempre cose nuove e per provare a migliorare sempre più me stesso ed il mondo che mi circonda".

Massimo Ciardiello

"Non sei solo un professore: sei l'epitome della conoscenza! Nel tuo anniversario speciale, voglio esprimere la mia più profonda gratitudine e apprezzamento per avermi insegnato a fare yoga. Mi hai ispirato a considerare attentamente le scelte che faccio e a condurre uno stile di vita sano. Ti chiamo 'Yogin' perché non sei solo un istruttore di yoga, ma un maestro praticante di yoga! Ti sarò eternamente grato per avermi dato la capacità di fare una delle cose più importanti della vita: il potere di controllare sia il corpo che la mente. Mi hai insegnato che lo yoga non è solo esercizio fisico. Lo yoga riguarda anche la spiritualità e la pace interiore. Buon compleanno, Namasté ".

Marcela Adascalita

Esiste inoltre una pagina dove ci sono anche dei video feedback che puoi vedere scansionando qui:

Non Conclusione

Il Karma Yoga

Lo Yoga dell'Azione

"Nessuno raggiunge lo stato dell'inazione evitando di compiere azioni. Nessuno raggiunge la perfezione rinunciando semplicemente all'azione"

Bhagavad Gita Cap. 3 Ver. 4

Traduzione di Paramahansa Yogananda

न कर्मणामनारम्भान्नैष्कर्म्यं पुरुषोऽश्नुते

न च संन्यसनादेव सिद्धिंसमधिगिच्छति

na karmaṇām anārambhān naiṣhkarmyaṁ puruṣho 'śhnute

na cha sannyasanād eva siddhiṁ samadhigachchhati

Uno dei miei capitoli preferiti della Bhagavad Gita, che sarebbe la Bibbia degli Induisti che si studia anche in alcuni

Teachers Training, è il capitolo 3: Lo Yoga dell'Azione. Lo avrò riletto 200 volte, ho letto i commenti di tanti Maestri per cercare di comprenderne l'insegnamento profondo.

Mi sono posto un sacco di domande vedendo la direzione che la mia vita stava prendendo: ma perché faccio quello che faccio? Perché continuo ad avviare progetti? Cosa mi spinge a continuare a "creare" cose dal nulla?

Pensavo fosse la leva economica a spingermi. Forse lo è stato all'inizio, ma poi ho compreso che quell'input, col tempo, non funzionava più. Perché già in possesso di risorse materiali in abbondanza per vivere una vita serena.

Una reale motivazione su ciò che mi abbia spronato non l'ho mai saputa di preciso. È come soggiornare nel limbo, come essere in "50 Sfumature di Grigio".

Non sai mai se ci sia un motivo preciso o ve ne siano di diversi.

Sarà capitato sicuramente anche a te: pensiamo di fare qualcosa per raggiungere un obiettivo. Appena raggiunto, quella sensazione di felicità provata lungo il percorso svanisce...

"L'attesa è essa stessa il desiderio..." scriveva Gotthold Ephraim Lessing nella famosa commedia *"Minna Von Barnheim"*[xxi].

Mi è capitato diverse volte, in particolare dopo aver raggiunto un certo livello di libertà finanziaria che il lavoro ha saputo donarmi.

"Compi dunque sempre le buone azioni materiali (karyam) e le azioni spirituali (karman) senza attaccamento. Facendo tutte le azioni senza attaccamento, si ottiene il Supremo".

Bhagavad Gita Cap. 3 Ver. 19

La verità è che non possiamo evolvere spiritualmente senza fare niente, senza lavorare, senza dare il nostro contributo. Per questo la spiritualità non può essere scollegata dalla materia.

Anche la materia fa parte del Regno di Dio. Di conseguenza dobbiamo prendercene cura in modo da avere le giuste risorse per coltivare con serenità le nostre pratiche.

Sono stato molto combattuto prima di avviare la scuola Authentic Yoga.

Stavo cercando in tutti i modi di boicottarmi. Trovavo scuse per non avviare la scuola. E mi dicevo: "Daniele, lascia perdere. Fai già un sacco di cose, hai una miriade di progetti che stai seguendo. Ora anche questa "cosa" della scuola di Yoga?".

Ma dentro di me sapevo che l'insegnamento mi rendeva felice. Il fatto di poter dare il mio contributo mi gratificava, mi faceva stare bene, mi rendeva completo.

Insegnavo comunque in Palestra. Un luogo, questo, che però non rispecchiava le mie esigenze, quelle di fare un "lavoro fatto bene". La musica a palla, lo Zumba (contro cui non ho nulla; anzi, mi diverte), la sala fredda, il turnover importante di persone, non mi consentivano di seguire come volevo gli allievi più determinati.

Nonostante questo, continuavo a boicottarmi. Mi ero convinto di lasciare perdere, perché non volevo addossarmi altre responsabilità.

Ma come sempre accade nella mia vita, il destino bussa inaspettato alla mia porta, prendendomi per mano e accompagnandomi verso un nuovo cammino…

Ero con l'agente immobiliare per vedere un nuovo locale per l'Accademia. L'Accademia cresceva e necessitavamo di nuove sale corsi. Quella principale non bastava perché troppo piccola. Per questo avevo deciso di investire in un nuovo immobile.

Ma quando l'agente mi ha mostrato lo spazio in via Imperia 23, a Milano, è sopraggiunto in me un lampo di contentezza. Sono stato subito catturato dalla creatività e dall'atmosfera di quel luogo. Ero già conscio del fatto che quello spazio sarebbe divenuto il primo centro Authentic Yoga.

Ed eccolo lì. Su Instagram, sul profilo della scuola @authenticyogamilano e sul mio profilo social personale @danielesalamina ho pubblicato un intero reportage con tanto di storie sulla nascita della scuola. Prova a darci un occhiata se sei curioso.

Con questo cosa ti voglio dire? Di non accantonare la tua creatività. Quando cominci a fare spazio nella tua mente, quando si viene a creare quel particolare vuoto mentale, la creatività emerge con più facilità, divenendo in alcuni casi dirompente. Come un artista sente il bisogno di esprimersi attraverso le sue opere d'arte, ognuno di noi necessita di esprimersi e di creare un suo personale capolavoro.

Lo faccio oramai da tempo grazie al fatto di Essere Imprenditore, Essere Insegnante di Yoga, Essere un Ricercatore, Essere un Allievo prima Ancora di un Insegnante; Essere quello che Sarò, continuare a cercare di Essere Autentico, ossia Essere Me Stesso anche Attraverso quello che Faccio!

Questo capitolo mi ha dato la chiave per comprendere come fossi (e lo sono!) sulla strada giusta e che l'Azione è sempre meglio dell'Inazione.

Sembra un paradosso, ma anche quando facciamo "meditazione" stiamo compiendo delle azioni, stiamo facendo qualcosa. Anche quando siamo "fermi", il nostro cuore continua a battere.

Grazie alle pratiche autentiche compiamo quei passi che ci portano a uno stato di inazione, nel quale la mente si calma e i pensieri svaniscono. Non sapremo con esattezza quando saremo pronti, ma quando ci manifesteremo in tale veste, sperimenteremo la vera Felicità Senza Oggetto.

Per questo motivo, la Conclusione di questo libro è in realtà un invito a una Non Conclusione.

Impara a conoscerti, sempre più in profondità. Impara ad accettarti e ad amarti. Comprendi il senso autentico del tuo cammino esistenziale.

Il mio augurio, e te lo auguro davvero con tutto il cuore, è che, attraverso l'azione, tu possa raggiungere quello stato di non azione che ti porta a sperimentare l'Essere Te Stesso.

Il mio augurio è che questo libro possa spronarti a "muovere le chiappe", ad alzare il sedere dalla sedia, a staccarti da Facebook e cominciare (o continuare) il tuo percorso evolutivo, la tua crescita interiore. Magari attraverso le pratiche autentiche, quelle che non sono state "infettate" dall'Ego dell'uomo, quelle pratiche che i grandi e veri Mastri ci hanno tramandato.

Con questa non conclusione la mia speranza è che tu possa trovare la tua strada, il tuo scopo, il tuo Dharma, e impegnarti al massimo per raggiungere tutti i tuoi successi, materiale e spirituali, tenendo sempre a mente il successo più grande: quello di Essere Te Stesso.

Con queste parole si conclude questo libro, e per ora è tutto.

Non vedo l'ora di conoscerti di persona.

Un abbraccione di cuore forte.

Namasté,

Daniele.

Entra in YOGA Autentico

Esiste un gruppo privato di discussione sullo Yoga, Meditazione e Crescita Interiore dove condividiamo ogni giorno contenuti esclusivi e interessanti.

Ti aspettiamo!

Scansiona per Entrare

Corso Introduzione alla Meditazione Autentica

In questo corso gratuito composto da oltre 10 video lezioni, ti insegnerò a meditare correttamente sin da subito. Un vero e proprio corso con Teoria e Pratica, incluse Diverse Meditazioni Guidate per Sperimentare da Subito i Benefici della Meditazione.

Scansiona per Accedere

Video: Le 7 Grandi Leggi dell'Universo

(+ Tanti Altri Video Gratuiti)

Ci sono alcune grandi leggi che governano il pensiero, così come ci sono delle leggi fondamentali nella chimica, nella fisica e nella matematica. Sappiamo che il controllo del pensiero è la chiave del destino. Per imparare il controllo del pensiero dobbiamo conoscere e comprendere queste leggi, così come un chimico deve comprendere le leggi della chimica e un elettricista deve conoscere le leggi dell'elettricità.

Scansiona per Accedere

Un Fiume di Gente da Ringraziare e a Cui Dedicare Questo Libro!

Dedico questo libro a tutti gli Insegnanti, che siano di Yoga, di Arti Marziali, di Scuola Elementare, Media e Superiore, Professori Universitari. Ai Maestri di ogni tipo.

Il mondo ha davvero bisogno di insegnanti autentici capaci di stimolare la creatività dei propri alunni.

Insegnanti appassionati per ciò che fanno, perché credono che il vero sapere - che non dipende da quante lauree uno abbia - sia un incentivo al risveglio della coscienza.

Questo libro è dedicato a tutti voi: cominciate a insegnare anche quando pensate di non essere pronti, di non essere capaci, di non esserne all'altezza.

Continuate a insegnare, anche se non siete "pagati" abbastanza, perché il miglior guadagno è la gratitudine e l'amore che gli allievi vi doneranno. E ciò può accadere anche molti anni dopo il vostro insegnamento.

L'insegnante ha una responsabilità importante, che è quella di plasmare non solo le menti, ma anche i cuori dei propri alunni in modo che questi possano intuire che c'è qualcosa oltre la mente razionale.

Vorrei inoltre ringraziare tutti gli insegnanti che ho avuto, che continuo ad avere e quelli che verranno. Siete in tanti che avete plasmato la mia mente e il mio cuore.

Ringrazio in particolare Paramahansa Yogananada, Roy Eugene Davis, Furio Sclano, Giovanni Formisano, Lino Miele, Erica Francesca Poli, Diego Ingrassia, Nadia Ferrara, Anthony Robbins, Stefano Stefanelli, Costantino Valente, Zhou Gan Sheng che con i loro insegnamenti diretti e indiretti, scritti e orali, mi hanno permesso di Essere Me Stesso e continuare a lavorare per andare costantemente Oltre Me Stesso.

Questo libro non avrebbe mai avuto questa splendida forma se non grazie al prezioso contributo di Mario Baffelli, Editor del libro.

Ringrazio la mia Famiglia Pugliese, la Mia Famiglia Adottiva Milanese. Ringrazio mia Moglie, Alessia, che è sempre presente e paziente in ogni mia nuova sfida e avventura. Ringrazio tutti i colleghi del team ONYX Academy per la grande impresa di trasformazione e cambiamento che stiamo portando avanti insieme.

Ringrazio tutti i miei allievi di Authentic Yoga che mi stimolano a proseguire questo mio nuovo viaggio da insegnante e continuano a seguirmi, nonostante vengano costantemente utilizzati come cavie da laboratorio per gli esperimenti evoluzionistici che porto avanti senza neanche avvisarli. Vi Voglio Bene!

Biografia...

O Qualcosa di Più Simile ad un Ritratto!

Fossi conformista, queste righe risulterebbero standard. Le classiche parole che un autore, qualunque esso sia, butterebbe giù per iscritto su di un foglio descrivendosi diciamo istituzionalmente, cercando di fare bella figura.

Siccome non lo sono, saranno personali, solo mie. Potranno forse non piacere, non attrarre la tua attenzione. Ma sono frutto del mio essere. Non solo in questo dato istante, ma caratterizzanti l'intero mio percorso.

Hai memorizzato il titolo? Intendo quello del libro... Bene, perché ho deciso di sfumare anche la biografia di autenticità.

Ma non perché io sia più autentico, più genuino o più semplice di altri. Per il sol fatto che il mio desiderio è di mostrarmi per quello che sono. Un anticonformista, ma nel senso buono della parola. Cosa intendo con "senso buono"? Intendo dire che non sono contrario ai principi che dominano la società in cui viviamo. Semplicemente, ognuno di noi è un individuo a sé stante. Con i suoi pregi e i suoi difetti. Con il suo carattere, positivo o negativo che sia.

Se hai fatto caso, ho introdotto il tutto con una citazione. Non voglio fare né il figo né distinguermi dalla massa per una citazione, più o meno rinomata. Ma queste righe mi rappresentano. Parole, quelle che ci ha meravigliosamente tramandato il grande Maestro, che ripercorrono con la sola lettura la mia vita nella sua interezza.

Sono la sintesi della mia esistenza.

Sono diventato uomo quando ho compreso come la felicità non dovesse giungere prettamente dalla considerazione che le persone avessero di me. Ma che essa, pura e sincera, splendesse perché originatasi e sviluppatasi dal mio atteggiamento mentale. Da me stesso, solo dalla mia persona.

Al diavolo il giudizio degli altri! A cosa serve fare qualcosa per il semplice gusto che piaccia agli altri?

E no, non sto parlando di gesti o pensieri, piccoli o grandi, che possano far sorridere la propria moglie o il proprio marito; così come un amico, un parente o un collega.

Sono stato bambino, adolescente e ragazzo. Ho vissuto come tutti le fasi della vita. Chiaramente differenziate l'une dalle altre, ma con lo stesso filo conduttore: quello di crescere e diventare qualcuno. Di diventare Uomo.

Senza che il giudizio degli altri potesse decomporre questo mio sviluppo. Ma che il rispetto della mia persona avesse sempre fattezze umane e di reciproca stima. Non per mero e puro interesse personale, bensì per un fattore esclusivamente umano. Siamo esseri umani, prima di tutto.

Uomini e donne, con i nostri pregi e i nostri difetti; con le nostre esperienze. Con vittorie e sconfitte da portarsi appresso, colme di gioie e dolori, errori e iperbole di felicità.

Ma pur sempre Esseri Umani.

Proprio per questo, le parole del Grande Yogi sono ancorate nella mia memoria. Sono il raggio di sole che, ogni mattina, penetra dalla finestre per colorare la giornata. Sono genesi capaci di donare un sorriso alla mia persona, intenzionata a rendere quella giornata sempre migliore, per me e per le persone che si attendono qualcosa da me, che sia un consiglio o un insegnamento. Sono il bivio da prendere per ripartire a vivere, a credere in ciò che si fa.

Caratteri, questi, che contraddistinguono la mia persona. Che hanno caratterizzato il mio percorso esistenziale. Dettagli a comporre un Ritratto. Il mio. Di Daniele Salamina sì come Imprenditore e Insegnante. Ma prima di tutto come Essere Autentico.

Il Ritratto di Me Stesso, senza dover a tutti i costi inserire al suo interno l'evoluzione professionale e personale che mi ha caratterizzato. Non serve, o perlomeno serve a poco. Anzi, non mi interessa…

… A chi interessa? Ti interessa davvero sapere come ho fatto a raggiungere il successo?

Lo specchio, quando raffigura la mia sagoma, propone l'uomo che ho sempre voluto divenire. L'uomo che sbaglia e cade, facendosi male. Ma si rialza convinto che ciò per cui si sta dannando l'anima avrà un seguito, farà breccia nei meandri del futuro.

Lo specchio, nel quale riflettere l'anima autentica e unica che ha sempre pervaso la mia spiritualità. Quella spiritualità che sempre è esistita; che esiste in tutti noi.

Ma celata, ben nascosta, emersa in me in tutta la sua brillantezza nel momento più inatteso. Ovvero quando mi sono concesso allo Yoga. Quando ho dato peso al consiglio di un mio amico.

È lì, in quel preciso istante, che ho conosciuto Daniele; il vero Daniele. Ho imparato ad ascoltarmi. Ad ascoltare ogni singolo suono emesso dalla mia interiorità.

Un'interiorità che ho intravisto, conosciuto e approfondito. Che ho seguito passo dopo passo. Cresciuta in parallelo con la mia spiritualità. Divenute un tutt'uno in continuo miglioramento.

Ritratto autentico.

Perché mio. E solo mio.

Non può appartenere a nessun altro. Può certamente esser preso come spunto. Anzi, la mia speranza è che, attraverso queste pagine, uno possa rivedersi, rispecchiarsi, per iniziare lo splendido viaggio alla ricerca di Sé stesso.

Ti aspettavi che sviscerassi dettagliatamente il mio percorso professionale, le mie pubblicazioni e altro ancora? Mi spiace aver deluso le tue attese.

Ma non disperare, per la biografia vera e propria, quella che ho lasciato scrivere agli altri, che magari ti potrà interessare di più...

... Basta semplicemente andare nella quarta di copertina.

P.S. È la prassi, perlomeno è ciò che mi è stato detto. Fosse per me, mi sarei fermato qua. Ma ho dovuto desistere.

[i] "Quarto Potere" di Richard Brooks, film del 1952.

[ii] "Autenticità", Wikipedia.

[iii] Google Marketing, Apogeo Feltrinelli, 2013.

[iv] Yogananda P., *Autobiografia di uno Yogi*, Astrolabio Ubaldini, Roma, 1951.

[v] Patañjali. (n.d.). In Wikipedia. Consultato in Aprile 7, 2021. https://it.wikipedia.org/wiki/Pata%C3%B1jali_(filosofo).

[vi] Arena L.V., in Patañjali, *Yogasūtra*, BUR, 2014.

[vii] https://www.ansa.it/pressrelease/lifestyle/2020/12/22/apre-onyxstore.it-il-nuovo-e-commerce-di-onyx-academy_6418b0e6-4add-4b40-a41c-ea463bc74184.html.

[viii] https://www.treccani.it/vocabolario/gratitudine/.

[ix] Tolle E., *Il potere di adesso. Una guida all'illuminazione spirituale,* My Life, 2013.

[x] https://authenticyoga.it/yoga/ego-disciplina-yoga/.

[xi] In India, il termine sadana (sanscrito साधना, IAST sādhanā) indica la disciplina spirituale, ovvero l'insieme di tutte quelle pratiche, rituali, austerità che vengono eseguite con regolarità e concentrazione, con lo scopo di ottenere Moksha, la liberazione.

[xii] http://www.buddhismtoday.com/english/buddha/life/004-buddhasdeath.htm.

[xiii] Scorpione Giallo, in Wikipedia, https://it.wikipedia.org/wiki/Leiurus_quinquestriatus.

[xiv] Tamas, In Wikipedia, https://it.wikipedia.org/wiki/Gu%E1%B9%87a#Rajas,_Sattva,_Tamas.

[xv] Nelle tradizioni indù o yogiche, Mahāsamādhi, il grande e finale samādhi , è l'atto di lasciare consapevolmente e intenzionalmente il proprio corpo al momento della morte. Secondo questa credenza, uno yogi (maschio) o yogini (femmina) realizzato e illuminato (Jivanmukta), che ha raggiunto lo stato di nirvikalpa samādhi, può uscire coscientemente dal proprio corpo e raggiungere l' illuminazione , spesso mentre si trova in uno stato meditativo profondo e cosciente.

[xvi] Tao Porchon-Lynch, in Wikipedia, https://en.wikipedia.org/wiki/Tao_Porchon-Lynch.

[xvii] *Satsang* è un termine sanscrito che indica l'unione di due parole che significano rispettivamente "verità" (Sat) e "assemblea, comunità" (Sang). La parola satsang, infatti, definisce l'atto di sedersi assieme alla presenza di un maestro per rivolgergli domande specifiche.

[xviii] https://www.ansa.it/sito/notizie/mondo/2016/12/01/unesco-india-lo-yoga-diventa-patrimonio-dellumanita_b929b9cf-c7b6-47ed-98a9-d284fcc1c6e7.html#:~:text=Lo%20yoga%2C%20una%20delle%20pi%C3%B9,in%20Etiopia%2C%20dal%2028%20novembre.
[xix] Kundalini, in Wikipedia, https://it.wikipedia.org/wiki/Kundalini.
[xx] https://milano.fanpage.it/altro-che-ferragni-alla-rinascente-di-milano-bottiglie-dacqua-a-300-euro/.
[xxi] "Minna Von Barnheim", in Wikipedia, https://it.wikipedia.org/wiki/Minna_von_Barnhelm.